All quotes are taken from the King James Version of the Bible.

Explore the world of the Bible as you search through the diagram for all the words that appear in all CAPITAL LETTERS in the word lists.

This edition published 2016 by Concordia Publishing House
3558 S. Jefferson Avenue, St. Louis, MO 63118-3968
1-800-325-3040 · www.cph.org

CONCORDIA PUBLISHING HOUSE · SAINT LOUIS

Rod of AARON	LAMPSTAND
ACACIA wood	LEVITES
Gold ALTAR	MANNA
ARK	MOSES
ATONEMENT cover	OFFERINGS
Bronze BASIN	Carrying POLES
BRONZE altar	PRIESTS
CHERUBIM	SACRED
CHEST	SYMBOL
Ten COMMANDMENTS	TABLE
DAY OF Atonement	Old TESTAMENT
GOLD rings	TESTIMONY
INCENSE	TRAVEL
JOSHUA	TREE of Life
JOURNEY	WILDERNESS

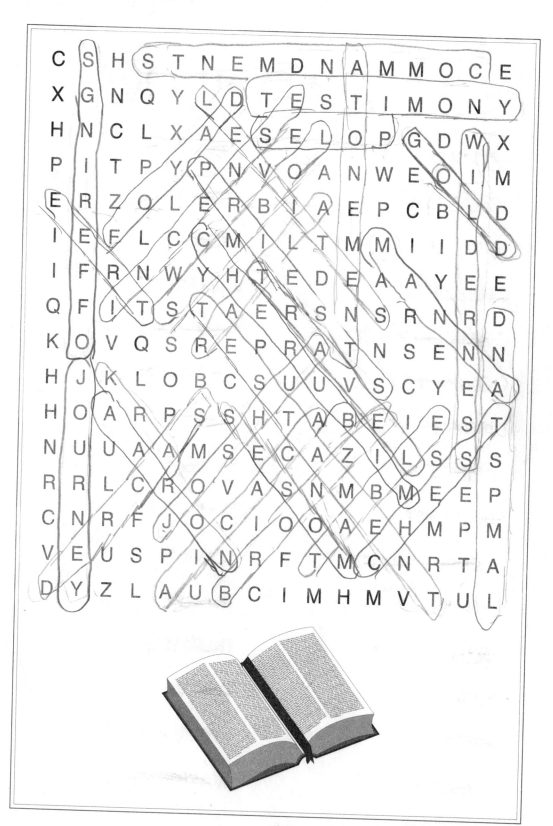

```
C S H S T N E M D N A M M O C E
X G N Q Y L D T E S T I M O N Y
H N C L X A E S E L O P G D W X
P I T P Y P N V O A N W E O I M
E R Z O L E R B I A E P C B L D
I E F L C C M I L T M M I I D D
I F R N W Y H T E D E A A Y E E
Q F I T S T A E R S N S R N R D
K O V Q S R E P R A T N S E N N
H J K L O B C S U U V S C Y E A
H O A R P S S H T A B E I E S T
N U U A A M S E C A Z I L S S S
R R L C R O V A S N M B M E E P
C N R F J O C I O O A E H M P M
V E U S P I N R F T M C N R T A
D Y Z L A U B C I M H M V T U L
```

The Last Supper

APOSTLES

BETRAYAL

BROKE BREAD

CELEBRATE

COMMUNION

COVENANT

DISCIPLES

"DRINK OF IT"

EUCHARIST

EVENING

FAITHFUL

JESUS

JOHN

JUDAS

KINGDOM

LOAF

PASSOVER

PETER

PREPARE

"REMEMBER ME"

SHOW THE WAY

SILVER COINS

TABLE

"TAKE, EAT"

TEACHER

THANKS

THURSDAY

TWELVE

UPPER ROOM

WASHED FEET

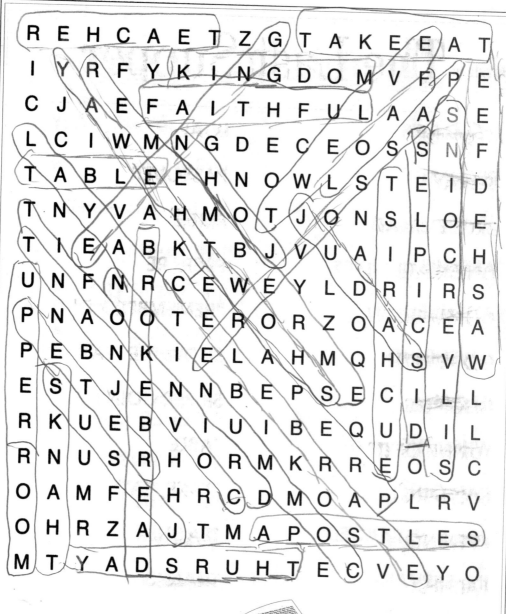

```
R E H C A E T Z G T A K E E A T
I Y R F Y K I N G D O M V F P E
C J A E F A I T H F U L A A S E
L C I W M N G D E C E O S S N F
T A B L E E H N O W L S E I D
T N Y V A H M O T J O N S L O E
T I E A B K T B J V U A I P C H
U N F N R C E W E Y L D R I R S
P N A O O T E R O R Z O A C E A
P E B N K I E L A H M Q H S V W
E S T J E N N B E P S E C I L L
R K U E B V I U I B E Q U D I L
R N U S R H O R M K R R E O S C
O A M F E H R C D M O A P L R V
O H R Z A J T M A P O S T L E S
M T Y A D S R U H T E C V E Y O
```

The Wedding at Cana

AT MARY'S

REQUEST

JESUS

AND HIS disciples

ATTENDED

a WEDDING

IN CANA.

WHEN THE wine

RAN OUT,

Jesus INSTRUCTED

the SERVANTS

TO FILL

SEVERAL

STONE pots

with WATER,

and the ORDINARY

water was

TRANSFORMED

INTO WINE.

This MIRACLE

WAS THE

FIRST

ATTESTED to

in the GOSPEL

OF JOHN,

WHICH

STATES

THAT IT

made BELIEVERS

OF THE

DISCIPLES.

```
S T O A T T E S T E D X K B W
E S O O S E F I J I G I B E S
T E C F R I F N S K I N X L T
A U M T I D S C N K S P I R A
T Q M R F L I A E T O T A E A
S E S I D P L N N W R R T V N
S R D O L A O A A I R U M E S
N U X E R T V T G R O C A R F
J W S E S R E N T N Y T R S O
G H V E E R H I A C I E Y K R
O E C S J O T R Q D I D S X M
S N W I J A S I H D N A D Z E
P T C F H F A A T T E N D E D
E H O T M W W E L C A R I M W
L E D I N T O W I N E H T F O
```

Herod the Great

HEROD

THE GREAT

WAS THE

ROMAN

CLIENT

KING OF

JUDEA IN

THE TIME

OF JESUS.

He is KNOWN

for SENDING

his SOLDIERS

TO KILL

EVERY male

JEWISH

INFANT

in the REGION.

HE IS ALSO

NOTABLE

for CONSTRUCTING

the FORTRESS of

MASADA and

EXPANDING

the TEMPLE

MOUNT.

WHEN HE

DIED THE

LORD TOLD

JOSEPH to

RETURN

to ISRAEL.

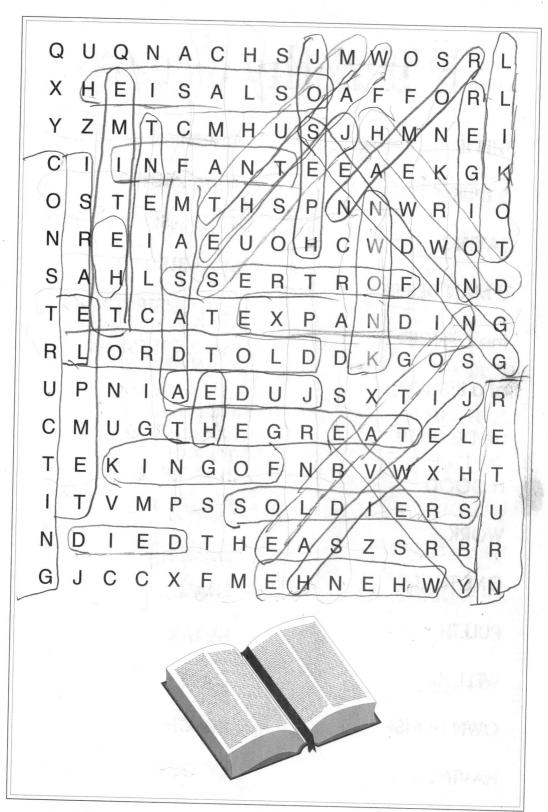

```
Q U Q N A C H S J M W O S R L
X H E I S A L S O A F F O R L
Y Z M T C M H U S J H M N E I
C I I N F A N T E E A E K G K
O S T E M T H S P N N W R I O
N R E I A E U O H C W D W O T
S A H L S S E R T R O F I N D
T E T C A T E X P A N D I N G
R L O R D T O L D D K G O S G
U P N I A E D U J S X T I J R
C M U G T H E G R E A T E L E
T E K I N G O F N B V W X H T
I T V M P S S O L D I E R S U
N D I E D T H E A S Z S R B R
G J C C X F M E H N E H W Y N
```

1 Timothy 3:1, 4-5

THIS IS

a TRUE

SAYING, If

a MAN DESIRE

the OFFICE

of a BISHOP,

he DESIRETH

a GOOD

WORK.

ONE THAT

RULETH

WELL HIS

OWN HOUSE,

HAVING his

CHILDREN in

SUBJECTION

WITH ALL

GRAVITY;

(FOR IF a

MAN KNOW

NOT HOW

TO RULE

HIS OWN

HOUSE, HOW

SHALL

HE TAKE

CARE OF

the CHURCH

OF GOD?)

```
G G N E N J T C E L U R O T G N
W W O C U V M H Q C M H E M A T
N E T O H R N Y I A I S P P B S
E Z H E D O T I N S U F C R X S
R T O G N I G D O O I M F T W U
D Q W U V N E W H H P S A O Z B
L Q W A I S N N O K T H D C H J
I L R Y I M W P R H T E L L J E
H G A R S O O O O E E F L O A C
C S E H B H W J N F K S K U S T
C T J X S G D O O K G A U A R I
H B X I X I F E B N N O T O D O
U R B K F E R O I N L A D E H N
R T D H U A V V R N N K M H H Y
C C O V C V A R W I T H A L L J
H W E L L H I S F J F L E N R H
```

THE ANGEL

OF THE LORD

SAID,

LAY NOT THINE

HAND

UPON THE LAD.

THOU

HAST NOT

WITHHELD

THINE ONLY SON

FROM ME.

ABRAHAM

LIFTED

UP HIS EYES,

AND LOOKED,

AND BEHOLD

BEHIND HIM

A RAM

CAUGHT

IN A THICKET

BY HIS HORNS:

and Abraham WENT

and TOOK

THE RAM,

and OFFERED

HIM UP

for a BURNT

OFFERING

in the STEAD

of HIS SON.

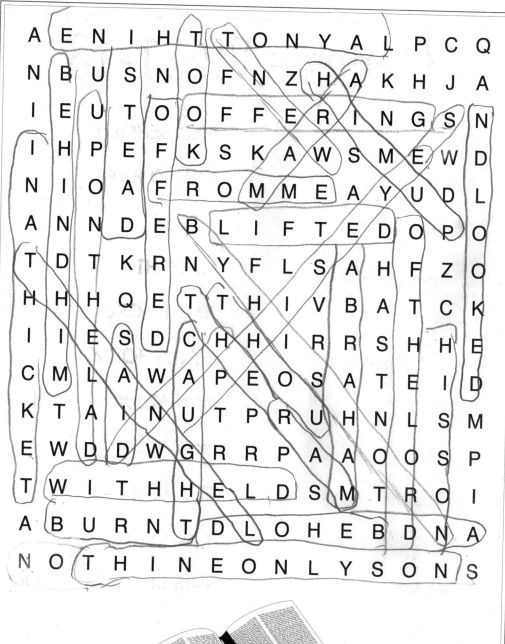

```
A E N I H T T O N Y A L P C Q
N B U S N O F N Z H A K H J A
I E U T O O F F E R I N G S N
I H P E F K S K A W S M E W D
N I O A F R O M M E A Y U D L
A N N D E B L I F T E D O P O
T D T K R N Y F L S A H F Z O
H H H Q E T T H I V B A T C K
I I E S D C H H I R R S H H E
C M L A W A P E O S A T E I D
K T A I N U T P R U H N L S M
E W D D W G R R P A A O O S P
T W I T H H E L D S M T R O I
A B U R N T D L O H E B D N A
N O T H I N E O N L Y S O N S
```

Jeremiah 33:3-4

CALL

UNTO

ME, AND

I WILL

ANSWER

THEE, AND

SHEW thee

GREAT and

MIGHTY

THINGS,

WHICH THOU

KNOWEST

NOT. FOR

THUS

SAITH the

LORD, THE

GOD OF

ISRAEL,

CONCERNING THE

HOUSES OF

THIS CITY

AND CONCERNING

THE HOUSES

OF THE

KINGS of

JUDAH,

WHICH ARE

THROWN

DOWN

BY THE

MOUNTS,

AND BY

the SWORD...

```
G N I N R E C N O C D N A E M
W L J W S P N E H T F O J H C
K N O W E S T D H C O Y F A J
Y B D N A H B U R O S H L D U
M D R O W S S O L N E L J U O
L O H S W O T O O C S G L J H
W X U G D N R T T E U O E R T
H K H N U D F H M R O H A E H
I J G I T O I Z T N H W R W C
C R R H R S B F H I E T S S I
H R E T C I O S W N H X I N H
A S A I X D G I V G T V U A W
R D T A O N L D Y T H G I M S
E Y S G I L X J J H I C Q Z Q
R G W K Z D N A E E H T Y B X
```

Psalm 80:1-3

GIVE EAR, O

SHEPHERD of

ISRAEL, thou

THAT

LEADEST

JOSEPH

LIKE A

FLOCK; Thou

that DWELLEST

BETWEEN

the CHERUBIM,

SHINE

FORTH.

BEFORE

EPHRAIM and

BENJAMIN and

MANASSEH

STIR UP thy

STRENGTH and

COME AND

SAVE US.

TURN US again

O GOD,

AND CAUSE thy

FACE to shine;

AND WE SHALL

BE SAVED.

```
V V T A E J K J M V Q C A A E Z
G B S Y N N I M A J N E B P S R
T Y E M J D G M A O I A H A H B
M U D T M F C D I N S R V P E O
W P A J W V W A D B A E E F F G
I H E Z H E M R U I U S O Y I O
T S L D L T E A M S O R S V Y D
H P R L N H G N E J E U E E J C
K B E A P A J N M H N E P H H X
Y S E E E Y E H E R A H U A C F
T O H S R L V M U R K O R L O Q
P S T N A S I T O R T E I R Q V
E R O R C V H K F C G S T W V X
K C O L F J E I E V U H S E N I
L L A H S E W D N A R W U W T O
J T B F K O T I O E O Q D Q X F
```

MY SON, keep

the FATHER'S

COMMANDMENT, AND

FORSAKE

NOT THE law

of thy MOTHER:

BIND them

CONTINUALLY

upon THINE

HEART, and

TIE THEM

ABOUT thy

NECK. When

thou GOEST,

it shall LEAD

THEE; WHEN

thou SLEEPEST,

it shall KEEP

THEE; AND

WHEN THOU

AWAKEST,

IT SHALL

TALK with

THEE. FOR

THE COMMANDMENT

is a LAMP;

AND THE

LAW IS

LIGHT; and

REPROOFS of

INSTRUCTION

ARE THE

WAY OF

LIFE.

V I T S H A L L W W X F L K I T H
N I R W R F G M H U F P T K E H H
D M I T P A O E H O L I L I F E R
N T N T R T N Y R T E T D Q A E P
A Y S E H T G S A T S N L R C W K
T D T E H E A Y H W A E T E O H G
N H R O P K E E H E A M O V N E L
E K U R E E M F E D T D E G T N M
M X C K E A E H O W S N Y L I H H
D C T E S P T L J R I A A M N Q B
N J I S N R R A S H E M N T U I G
A D O V E E E O T N P M U K A B L
M J N L L K H H O L L O N B L L O
M V J I A N A T T F B C G E L A C
O F G I B W T W D A S E T B Y H T
C H B N F H I U A N F H E E U O N
T E Q G E M Y S O N A T M S X N U

IS NOT

GOD IN the

HEIGHT OF

HEAVEN? AND

BEHOLD

THE HEIGHT

OF THE

STARS,

how HIGH

THEY ARE!

AND THOU

SAYEST,

HOW DOTH

God KNOW?

CAN HE

JUDGE

THROUGH

THE DARK

CLOUD?

THICK clouds

are a COVERING

TO HIM,

THAT HE

SEETH

NOT; AND

he WALKETH

IN THE

CIRCUIT

OF HEAVEN.

```
J E G H Y R T I U C R I C E A
B R S E E T H O H O G H G X C
W A X I D I A S N G T D N A L
O Y J G G N M A E S U J W N O
G E V H D I S Y C J I O O O U
T H A T H E H E I G H T R F D
W T H O W P A S C E A G I H B
P O T F X V R T E N C A S E T
U D N J E A R H D V K B H A G
G W J K T G N I R E V O C V O
R O Z S B A H T E K L A W E O
G H D C C C K R A D E H T N I
I T H I C K A G Z M K Z M A F
T J H B N O F T H E H K L N O
C A Z R O Q C R M P V F H D W
```

Thomas

THOMAS

WAS ONE

OF THE

TWELVE

APOSTLES,

but LITTLE

IS KNOWN

ABOUT HIM.

HE IS ONLY

BRIEFLY

MENTIONED in

the FOURTH

GOSPEL

OF JOHN

as HAVING

DOUBTED the

RESURRECTION

OF JESUS

UNTIL HE

SAW THE

WOUNDS for

HIMSELF.

TRADITION

HOLDS THAT

HE LATER

TRAVELED

AS FAR AS

INDIA,

ESTABLISHING

A CHURCH

THERE.

```
Y U E T D F L E S M I H X Q K
R S N R E S U R R E C T I O N
I D O A T A H T S D L O H H B
Z N S D B Y L N O S I E H H T
O U A I U J S F H E L A T E R
F O W T O Y J E A D D U R H A
J W A I D O R C L E N X U T V
E U B O H E H T N T L A O F E
S A O N H U M O I S S T F O L
U S U T R I I L E H A O T Z E
S F T C N T H V E V A W P I D
O A H D N E D D N P L V T A L
B R I E F L Y J H N S E I H O
S A M O H T V I S K N O W N E
E S T A B L I S H I N G G T G
```

Biblical Expression

The EXPRESSION "the WRITING on THE WALL" COMES from a STORY in THE BOOK of Daniel. AT A GREAT BANQUET, the BABYLONIAN king BELSHAZZAR ORDERED that GOLD and SILVER GOBLETS his FATHER had TAKEN FROM THE TEMPLE of GOD IN JERUSALEM BE USED for the WINE of his GUESTS. A HAND APPEARED and WROTE a CRYPTIC MESSAGE on the PLASTER WALL. THE KING EVENTUALLY FOUND DANIEL who INTERPRETED the WORDS FOR HIM — the RULER'S LIFE AND REIGN would SOON END. Sure ENOUGH, the king was SLAIN that NIGHT AND HIS KINGDOM fell.

```
D E T E R P R E T N I D O G G F Q
N R A Z Z A H S L E B T T O O S A
O W E G A S S E M S H E B R I G P
I C R Y P T I C O E U L H L W O P
S L G O C J S O W Q E I V I H L E
S L A Q T E N A N T M E N H E D A
E A T M M E L A S U R E J I L S R
R W A O N L B A B Y L O N I A N E
P R C D G N I T I R W A F N P L D
X E W G N E T F H I D E Q D K E S
E T R N F U A H D G A T E Q R H D
F S U I G T O N E N I L A E A G E
W A L K H I A F D B P N D K J U S
O L E E H H E H T M O R F Z E O U
R P R H A G I R E W O O I U K N E
D J S T C S S T S E U G K O W E B
S T O R Y Y L L A U T N E V E H R
```

THEREFORE

AS BY

THE OFFENCE

OF ONE

JUDGEMENT

CAME UPON

ALL MEN

TO CONDEMNATION;

EVEN SO

BY THE

RIGHTEOUSNESS

of ONE THE

FREE

GIFT CAME

UPON ALL

MEN UNTO

JUSTIFICATION

OF LIFE.

FOR AS

BY ONE

MAN'S

DISOBEDIENCE

MANY WERE

MADE SINNERS,

SO BY the

OBEDIENCE OF

ONE SHALL

MANY BE

MADE RIGHTEOUS.

```
A L T O C O N D E M N A T I O N
V L L A N O P U C T Y M V Y E X
V Y L A T N E M E G D U J M T Z
O V E M H B B B Z S Y M H H M S
F T U C E S Y Y O V A N E E A U
O E N E N N E G T V J R H N D O
E W R U A E I N M H E T O G E E
C F M M N F F A O F E P K F S T
N Y U A T E N F O N U X O P I H
E X B C N Y M R O E N F I O N G
I C A O W S E F M E L O Y Z N I
D M Y E S V O A Q I H P Y B E R
E B R O E M C L F B W T O B R E
B E C N E I D E B O S I D O S D
O S S E N S U O E T H G I R F A
N O I T A C I F I T S U J S J M
```

Puzzle 14: The Wisdom of Solomon

TWO WOMEN
APPEARED
BEFORE
WISE KING
SOLOMON.
One of THEM
RELATED that
BOTH HAD
RECENTLY
given BIRTH
TO SONS,
BUT THE
CHILD OF
THE OTHER
WOMAN HAD
DIED.
The BEREAVED
MOTHER then
SWITCHED
the BABIES
and CLAIMED
the LIVING
ONE FOR

HERSELF.
The CLEVER
king OFFERED
to SETTLE the
DISPUTE by
DIVIDING
the INFANT
IN HALF
with A SWORD.
At this, ONE WOMAN
DECLARED
THAT THE
BABY should
be SPARED
and GIVEN
TO THE
OTHER WOMAN.
Solomon DETERMINED
THAT THIS
MUST BE
THE TRUE mother
and RETURNED
the child TO HER.

```
E B T S U M T O T H E R W O M A N
B D E R E F F O S I H T T A H T E
B I R L L J P O N E F O R H J N M
F N R D E N R U T E R E Q R Y A O
B E L T T E S C M E L T H E M F W
A V L M H O L Q U A F U E C A N O
B I U T L A H R T B O P R E O I W
I G O O I D T E U S D S S N N C T
E M M M I E D T R A L I E T E L D
S O E E H H T D H D I D L L W E I
N D D T A H R H E E H K F Y O V V
O G T H E O T H E R C S R S M E I
S N Y Q W O C D E R A E P P A R D
O I B S B T S I N H A L F A N O I
T V A W I S E K I N G I C R H F N
C I B W G B E R E A V E D E A E G
R L S B D E T E R M I N E D D B R
```

UCAL

UDDER

UGARIT

UGLY

UKNAZ

ULAI

ULAM

ULLA

UMMAH

UNCANNY

UNCLEAN

UNCLES

UNCTION

UNDER

UNDUE

UNGIRD

UNICORN

UNITY

UNLESS

UNNI

UNRIPE

UNRULY

UPHARSIN

UPHAZ

URIAH

URIAS

URIEL

URIJAH

URIM

USURY

UTHAI

UZAI

UZAL

UZZA

UZZEN Sherah

UZZIA

UZZIEL

```
R U N G I R D X G A C H B A U I
W Q S N D U A M Q U N C C Z N J
K H N G V U T H R U P H A Z C N
C U R G M E P I R N U U J U A A
L R N M U I A H R L U L G U N E
E U A O U H R I A A G R Z L N L
T H L D I Z Y U Z J G Z I N Y C
D M D A U T D U H Z I U U E X N
U E H B I T C U P E U R W Z L U
R T B N G J N N L H S W U Z A K
U Q U U I I E Y U C A S K U S L
B L L A C U L R Y U H R E W U U
G L Z O D U E U J P K I S L R C
A U R N R D N S M U V N A I N R
G N U N N Q O U W N A M A Y N U
I M U U Z B U N C L E S S Z P J
```

Eden Words

ADAM AND EVE

APPLE

BEASTS

BELLY

BIRDS

CHERUBIM

EUPHRATES River

FLAMING sword

GARDEN

GARMENTS

GIHON River

HUSBAND

Tree of KNOWLEDGE

Fig LEAVES

LIVESTOCK

PISHON River

PLANTS

RIVERS

SERPENT

SHAME

SWEAT

THE LORD

THISTLES

THORN

TIGRIS River

TREE of Life

WOMAN

```
S E L T S I H T N E P R E S G
M A M X Q M E O K N E F K J N
Q D Z A L C H E R U B I M T I
N A F L H I S W E A T U T Q M
Q M L J G S X U Q P S A H W A
W A E S S C P O L Y E D O C L
T N Y E T H S A T G L M R W F
I D F G R N N T D H A L N I K
G E W A P T E E S N E N E Q B
R V T R S S L M U A A L T B P
I E A D R W P O R I E B O I X
S S T E O Z P V B A S B S R W
Q T V N W S A P V K G H Q U D
K I K M L I V E S T O C K C H
R H X R T H S A W N L A H R T
```

Bible Names Ending in "A"

ADINA — *David's mighty men army*

AGATHA

AGRIPPA — *live to 190 Last of the Herods*

APPHIA — *Wife of Philemon*

AQUILA — *tent maker with Paul · his wife Priscilla*

BAASHA — *Northern Kingdom King killed King Nadab*

BATHSHEBA — *wife of Uriah Had an affair with David lived in Rome Men colerted to him in prison*

CLAUDIA — *Pauls friend*

DIANA ?

DRUSILLA — *Felix (Caesarea) Paul arrest*

ELISHA — *successor to the prophet Elijah*

GERA — *Benjamin*

HATIPHA — *a Levite*

HOPHRA

HOSEA ?

JAALA — *Solomons servents*

JOANNA — *follower of Jesus*

JOSHUA — *God Saves*

JULIA — *lived in Rome Pauls time*

LYDIA — *Pauls converts*

MARTHA — *sister of Lazarus · mary*

MICHA ?

NEHUSHTA — *Queen of Judah*

PERUDA — *solomons staff*

PRISCILLA — *supported Paul*

REBECCA — *Jacob & Esau mom*

RHODA — *ans the door at the house of mary*

SAPPHIRA — *Wife of anannias act 5?*

SISERA ?

TEMA — *Ishmaels son*

TIMNA ?

ZIBIA — *Tribe of Benjamin*

```
J A L Y S Y A I D U A L C A Y D
C Y H A O C Y N T X P T H K C X
S P Q T C A G E N F A P D A J F
U R U E R P M D W A I I G G E A
C P B E E A L W T T O S B R R I
Z E G R L Y M H A A P J H I F E
R C U A D Q S H H D P O H P Z Q
G D A I L U J C I N S P I P S S
A J A H H A I A B E P K H A G K
L V A E T M N R A A A Q U I L A
L E N R F A H I S H U U H T A H
I L Q Z E O G Y D T S H I A E O
S I E I D S S A Y A F A S R D P
U S J A L L I C S I R P A O W H
R H Q L C Y A S Y Z H F G B J R
D A B E H S H T A B B T I M N A
```

Puzzle 18: Deuteronomy 6:20-22

AND WHEN

THY SON

ASKETH thee

in TIME

TO COME,

SAYING,

What MEAN the

TESTIMONIES, and

the STATUTES,

and the JUDGMENTS,

which THE LORD

OUR GOD hath

COMMANDED you?

Then THOU

SHALT say

UNTO thy

son, WE WERE

PHARAOH'S

BONDMEN in

EGYPT; and the

Lord BROUGHT

us OUT OF

Egypt WITH a

MIGHTY hand:

AND THE

Lord SHEWED

SIGNS and

WONDERS, great

and SORE,

UPON Pharaoh, and

upon ALL HIS

HOUSEHOLD

BEFORE

OUR EYES...

```
F J Z G T S Z D N O S Y H T O A
X P U I H E H B R O U G H T O N
O E M D R O R O C N F U Y G I D
L E A E G E U O A F E H N T E W
Q Y W S R M M S S R S M E T M H
Z E U O K M E Q E D A S D U O E
W D F J A E O N R H T H J N C N
X E Y N M U T O T I O L P H O I
B W D N T E L H M S S L V V T B
A E A O Q E A O O E R M D P T D
D H F A H S N N T U I E Y Y O M
V S Z T N I I U O G R G D G Y Q
R Q D G E J T H H P E E R N A Z
N N I S H A L T L N U U Y M O A
A S H N T U Y Q Y L O E F E U W
M I G S H O G N I Y A S D D S K
```

Book of Revelation

ALPHA	MESSIAH
ALTAR	OMEGA
ANGEL	PALE horse
ARMAGEDDON	PEACE
Golden BOWLS	PERGAMUM
Seven CHURCHES	PHILADELPHIA
CREATURES	REPENT
DRAGON	SARDIS
Flying EAGLE	SCROLL
FAITHFUL witness	Seven SEALS
FINAL judgment	SMYRNA
HADES	Seven SPIRITS
New HEAVENS	Seven STARS
KINGS	Double-edged SWORD
LAMB	THRONE
LAODICEA	THYATRIA
LION	End of the WORLD

```
S R M U M A G R E P V L M Z U S
D T E E X V J O S T I R I P S J
L R A P S X I P E A C E S O I A
R E O R E S Q H I B D T S F N I
O O G W M N I R Y C O A P T Z H
W S D N S A T A H T L W S A U P
L G U W A A G U H T H Q L H L L
A P G L Y C R E A T U R E S U E
O Z X H X C A R D L H A O F V D
D C T E H N S H L D V A H N X A
I X E E R T D O P E O T D S E L
C O S Y A L R S N L I N A E S I
E X M R M C A S G A A R A L S H
A S S E S V G M F N D E A G S P
P S N G G P O Y B I I E M A I F
W M S E M A N N S F S K K E C W
```

Jairus

JAIRUS,

A VERY

PIOUS MAN,

RAN THE

SYNAGOGUE

at CAPERNAUM.

HE BESEECHED

JESUS TO

HEAL HIS

GRAVELY ill

DAUGHTER.

JESUS SEEMED

TO HAVE

ARRIVED

TOO LATE,

AS THE

TWELVE-year-old

HAD DIED.

THEN JESUS said:

"WEEP NOT;

SHE IS

NOT DEAD,

but SLEEPETH."

And SAID TO HER:

"MAID, ARISE."

And she ROSE

from HER BED

INSTANTLY.

```
O J S A I D T O H E R S K G T
O M A I D A R I S E P F S V H
N I N S T A N T L Y A H G S E
O I A I L I H D T W E L V E N
T H T E P E E L S B W F H O J
D A U G H T E R E L I V P I E
E D A O T S U S E J A I R U S
A D K V O W E E P N O T G G U
D I E R E E E E H U P O Q R S
P E O B C R H T S T G E S A S
D D V H R T Y M A A N V N V E
S H E I S E A U N L A A I E E
N D D A R N H Y B C O H R L M
N S K S M R S N P Y W O E Y E
C A P E R N A U M P S T T S D
```

AND THE

CHILDREN OF

Israel WERE

FRUITFUL, and

INCREASED

ABUNDANTLY,

and MULTIPLIED,

and WAXED

EXCEEDING

MIGHTY; and the

LAND was

FILLED

WITH them.

Now THERE

AROSE up

a NEW KING

OVER

EGYPT

WHICH

KNEW not

JOSEPH.

AND HE

SAID

UNTO

HIS PEOPLE,

BEHOLD, the

PEOPLE OF

THE CHILDREN

of ISRAEL, are

MORE and

MIGHTIER

THAN WE....

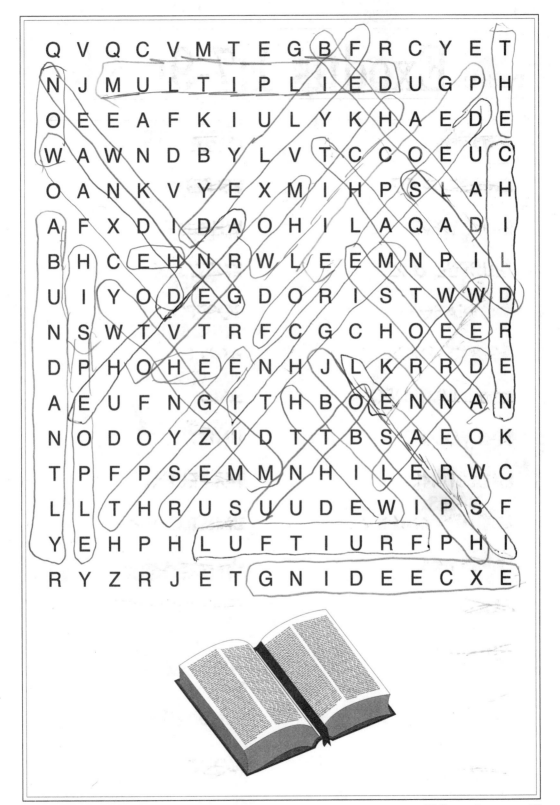

```
Q V Q C V M T E G B F R C Y E T
N J M U L T I P L I E D U G P H
O E E A F K I U L Y K H A E D E
W A W N D B Y L V T C C O E U C
O A N K V Y E X M I H P S L A H
A F X D I D A O H I L A Q A D I
B H C E H N R W L E E M N P I L
U I Y O D E G D O R I S T W W D
N S W T V T R F C G C H O E E R
D P H O H E E N H J L K R R D E
A E U F N G I T H B O E N N A N
N O D O Y Z I D T T B S A E O K
T P F P S E M M N H I L E R W C
L L T H R U S U U D E W I P S F
Y E H P H L U F T I U R F P H I
R Y Z R J E T G N I D E E C X E
```

Words from Acts 6

AGAINST

APPOINT

CALLED

CHOOSING of the

    Seven

COMPANY

DAILY

DISCIPLES

GHOST

GREAT

HANDS

HEBREWS

HONEST

INCREASED

MINISTRY

MULTIPLY

NUMBER

OPPOSITION

PRAYER

PROVINCES

REASON

RESIST

SYNAGOGUE

TABLES

WISDOM

False WITNESSES

WORD

```
P  A  H  Q  P  E  M  O  Y  H  T  T  O  L  K  H
R  N  D  E  W  G  F  Y  A  R  H  U  P  N  P  Y
O  M  S  N  B  T  Z  F  G  C  Y  N  P  I  P  L
V  U  W  R  S  R  S  N  A  O  R  V  O  F  W  P
I  O  J  O  D  R  E  L  I  M  T  C  S  Y  I  I
N  U  M  B  E  R  L  W  N  P  S  S  I  T  T  T
C  W  Z  S  K  E  O  T  S  A  I  Z  T  E  N  L
E  C  I  U  D  C  C  W  T  N  N  T  I  I  E  U
S  S  J  S  T  Z  Y  W  C  Y  I  C  O  H  S  M
T  G  H  S  D  A  H  R  H  N  M  P  N  U  S  X
N  Q  O  A  U  O  E  T  G  R  P  R  A  Y  E  R
T  H  I  V  N  A  M  R  A  A  E  Y  T  X  S  H
G  L  T  E  S  D  I  M  G  B  T  A  K  A  A  D
Y  J  S  E  D  I  S  C  I  P  L  E  S  X  O  I
U  T  D  S  Y  N  A  G  O  G  U  E  M  O  D  B
F  H  L  W  C  H  O  O  S  I  N  G  S  U  N  P
```

Proverbs 29:15-17

THE ROD and

REPROOF

GIVE

WISDOM: but

a CHILD

LEFT TO

HIMSELF

BRINGETH

his MOTHER

TO SHAME.

WHEN THE

WICKED are

MULTIPLIED,

TRANSGRESSION

INCREASETH:

BUT THE

RIGHTEOUS

SHALL SEE

THEIR

FALL.

CORRECT

THY SON,

AND HE shall

give THEE

REST; YEA

HE SHALL

give DELIGHT

UNTO thy

SOUL.

```
R U D E I L P I T L U M U A D T
I T T E Y D I R L P G U E O V R
R N I U E M M A I Z Q Y R S S A
G K C K R H H J U G T E H G R N
G W C R I S T T O S H A M E B S
H I M S E L F S E T L T H L K G
W O V H H A C R N L A T E W N R
D R Q E T A S E S N O F G O F E
I E J H M C H E D M T P S V U S
M P E D T W E H T T I Y O J P S
M R C B E E E R O H H U C K O I
Q O L O U L G U R T C L X U P O
T O D Y K T I N N O B H L I X N
C F Q S C S T G I T C F I A L X
T R Z U I T C H H R O N G L F B
K C U C W W C G E T B S O Y D T
```

BUT WHEN

THEY SAW

him WALKING

UPON the

SEA, THEY

SUPPOSED it

HAD BEEN a

SPIRIT, and

CRIED

OUT: FOR

THEY ALL

SAW HIM,

AND WERE

TROUBLED. And

IMMEDIATELY

he TALKED

WITH them,

and SAITH

unto THEM, BE

of GOOD

CHEER: it is

I; BE NOT

AFRAID. And he

WENT UP

UNTO THEM

INTO THE

SHIP; and the

WIND

CEASED: and

THEY WERE

SORE

AMAZED in

THEMSELVES

BEYOND

MEASURE, and

WONDERED.

```
T D E S O P P U S D N O Y E B
O I O I M Z W O N D E R E D S
N R R O P R X I M T T U B P E
E E C I G N W J N R O H M M V
B X H U P O N N I E Z T E Y L
I S E W U S A M A Z E D H L E
R S E A T H E Y S A W B T E S
S T R A N U O U T F O R D T M
Y H E Z E B B D H M M H E A E
A E W K W C F E E I E K S I H
F Y D N J R W K Y H A S A D T
R W N G N I K L A W S A E E O
A E A G T E R A L A U I C M T
I R K H N D T T L S R T I M N
D E L B U O R T F U E H V I I
```

THEREFORE

I have SCATTERED

SAY,

THEM AMONG THE

THUS

COUNTRIES, YET

SAITH THE

WILL I

LORD GOD:

BE TO

ALTHOUGH I

THEM AS A

HAVE

LITTLE

CAST

SANCTUARY IN

THEM FAR

THE COUNTRIES

OFF AMONG

WHERE THEY

THE HEATHEN,

SHALL

AND ALTHOUGH

COME.

H T X E H T G N O M A M E H T X
K H Z T S S P R T F I G E S Q L
U E T H E M A S A H F R H E K Z
Q C T Y V F A Y G D O A H M Z B
S O Y H M C Z U E F L T M H D W
I U L E E Z O R E L H V S O A I
D N H M H H E R F T D A A I N Y
B T E T T T E M I L H S N H D G
H R F L T H E A O U E M C N A J
K I A A T X S R T C G G T L N
X E C A O T D G E H X J U C T S
N S V F F G I B I H E E A O H Z
S O I A O H H L E K W N R N O E
B M X D H O L E M T Q T Y V U P
T E Y S E I R T N U O C I O G L
V C R S W E W L W F E E N X H W

Biblical Appellations

JESUS'

DISCIPLES:

"the SALT

of the EARTH" or

"FISHERS of men."

JOHN the

BAPTIST:

"the VOICE

of one CRYING

in the WILDERNESS."

NIMROD:

"a MIGHTY

HUNTER

BEFORE

THE LORD."

The PHARISEES:

the "GENERATION

of VIPERS."

JOB:

"PERFECT and

UPRIGHT, and

ONE THAT

FEARED GOD."

LUCIFER: "son of

the MORNING."

TIMOTHY:

PAUL'S

"OWN SON in

the FAITH."

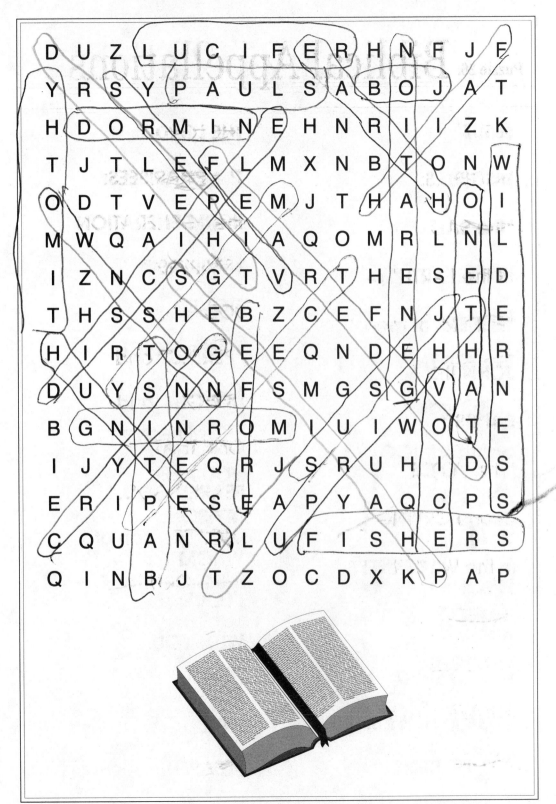

D U Z L U C I F E R H N F J F
Y R S Y P A U L S A B O J A T
H D O R M I N E H N R I I Z K
T J T L E F L M X N B T O N W
O D T V E P E M J T H A H O I
M W Q A I H I A Q O M R L N L
I Z N C S G T V R T H E S E D
T H S S H E B Z C E F N J T E
H I R T O G E E Q N D E H H R
D U Y S N N F S M G S G V A N
B G N I N R O M I U I W O T E
I J Y T E Q R J S R U H I D S
E R I P E S E A P Y A Q C P S
C Q U A N R L U F I S H E R S
Q I N B J T Z O C D X K P A P

WHEN

ALL THE

PEOPLE

WERE

BEING

BAPTIZED,

JESUS was

baptized, TOO.

AND AS

HE WAS

PRAYING,

HEAVEN

was OPENED

and the HOLY SPIRIT

DESCENDED

ON HIM

in BODILY

FORM

LIKE a

DOVE.

And a VOICE

CAME

FROM heaven:

YOU ARE

MY SON,

WHOM

I LOVE;

WITH YOU,

I AM

WELL

PLEASED.

```
W H L X G Z W A D J T C H J I
E H A L L T H E T M D O Y L D
D E O D E S C E N D E D O V E
E G C M V W T O D C N V U B Z
S U W I T H Y O U A E I A E I
A B Y A O H O L Y S P I R I T
E U P N E V A E H M O C E D P
L R B E I N G J F A A G Z R A
P S E H O M R R E M L I A N B
C M A W G P O M E I T Y D O I
F U Y W A M L Q K H I A D D M
K S U S E J C E K N S I K W C
M R O F O H T E G O L T F R S
C V T J F N W X G Y X U U J R
T P T T L H K T Q R O I U H J
```

Ephesians 2:5-7

EVEN

WHEN

WE WERE

DEAD in

SINS, hath

QUICKENED

US TOGETHER

WITH Christ,

(BY GRACE

YE ARE

SAVED;)

AND HATH

RAISED US

UP TOGETHER,

AND MADE

US SIT

TOGETHER IN

HEAVENLY

PLACES in

Christ JESUS:

THAT IN

the AGES

TO COME

he MIGHT

SHEW THE

EXCEEDING

RICHES

OF HIS

GRACE IN

his KINDNESS

TOWARD us

THROUGH

CHRIST Jesus.

```
H E X G K F K M W O H X S D D S
A R H T A H D N A H F S M G T Z
H A I A O P K N F Y E H P S A S
Y E F C U C S S E N D N I K U B
N Y F U H P O U E B E R N S D G
R I Z W S E T M T V H I E E J D
S A T N I T S O E C R J V D D E
H Z I A I T O T G E G A N A E N
E S O S H E H G H E S K W M C E
W B E G E T C T E R T T X D A K
T E I C T D E A N T O H F N R C
H M W I A G U J R W H U E A G I
E J S E O L A S A G X E G R Y U
W S D T R G P R S Z E L R H B Q
U E X C E E D I N G O E E L B A
P V H S H E A V E N L Y B G F W
```

SING, O Daughter

OF ZION;

SHOUT,

O ISRAEL;

BE GLAD and rejoice

with all YOUR HEART,

O DAUGHTER

of JERUSALEM!

THE LORD has

TAKEN AWAY your

PUNISHMENT,

he has TURNED

back YOUR ENEMY.

The Lord, THE KING

of Israel, IS WITH YOU;

NEVER AGAIN will you

FEAR ANY HARM.

ON THAT DAY

THEY WILL SAY to

Jerusalem,

DO NOT FEAR,

O ZION;

do not let YOUR

HANDS

HANG LIMP.

The Lord YOUR GOD

is with you, HE IS

MIGHTY TO SAVE.

He will take GREAT

DELIGHT

in you, he will QUIET

you with HIS LOVE,

he will REJOICE

OVER YOU with

singing.

```
U L M H L T N E M H S I N U P T
O E N D E C O E U D V P I P A R
Y A I E Z I L N A Y M S S K T A
R R A N Y A S L L I W Y E H T E
E S G R S O G E L I M N G U V H
V I A U J E C G T R A I O O T R
O O R T B I N H A W L H L H O U
Y E E W O A Y H A E S S E Y F O
J M V J H O Y Y D Y I K D A Z Y
N D E T U N O T D H I U W Q I N
O R N N A N A S D N A H R U O Y
I O S R E E D O G R U O Y I N G
Z L A I R R O D A U G H T E R O
O E V G N F U Y A D T A H T N O
F H G F I G D O N O T F E A R H
R T E V A S O T Y T H G I M V J
```

Philippians 1:4-6

ALWAYS

in EVERY

PRAYER

of MINE

FOR YOU

all MAKING

REQUEST

WITH

JOY, FOR

YOUR

FELLOWSHIP

IN THE

GOSPEL

FROM THE

FIRST DAY

UNTIL NOW;

BEING

CONFIDENT

OF THIS

VERY THING,

THAT HE

WHICH HATH

BEGUN a

GOOD

WORK in

you WILL

PERFORM

IT UNTIL

THE DAY

OF JESUS

CHRIST.

```
G L P I H S W O L L E F Z L T T
A C G F I T K D A T I V I V H G
U O Y H R I A F I R S T D A Y H
J N T A O O E H U K N E T K W W
W F T V D V M O H U R H U I F M
O I X I E E Y T T C E O L Q J J
R D T R L R H I H F I L W Y E C
C E Y H O N F T G E E H G T H R
S N Y F B S O V N P A N W R O A
Y T Y A L E N W S I I I I F K H
A U R L R A I O G H B S J M D J
W S N Z P P G N T T T E G D O A
L H L T I O I Y G O S Q G Y O X
A C E G N K R C F U Z O F U G Z
O U D X A E P H S G R O H Y N F
F L I M V P E R F O R M W O G O
```

2 Chronicles 15:7-8

Be ye STRONG THEREFORE, AND LET not YOUR HANDS be WEAK: for your WORK SHALL be REWARDED. And WHEN Asa HEARD THESE words, AND THE PROPHECY of ODED the PROPHET, he TOOK COURAGE, AND PUT

AWAY the ABOMINABLE IDOLS out OF ALL the LAND of JUDAH and BENJAMIN, AND OUT of the CITIES WHICH he had TAKEN from MOUNT EPHRAIM, and RENEWED the ALTAR of the LORD, THAT was BEFORE the PORCH OF THE Lord.

```
P  R  O  P  H  E  C  Y  H  Q  L  O  R  J  R
E  M  E  C  S  T  R  O  N  G  K  A  E  W  I
R  V  I  P  Y  K  R  O  W  Y  T  L  N  I  K
E  H  N  S  H  A  L  L  F  L  Z  P  E  A  O
W  Y  A  K  H  R  L  C  A  E  R  H  W  I  O
A  N  A  N  E  K  A  T  S  O  B  E  E  X  T
R  Y  N  P  D  F  F  I  P  D  H  A  D  U  J
D  K  D  R  O  S  O  H  M  T  W  R  O  I  V
E  R  O  F  E  R  E  H  T  A  N  D  L  E  T
D  L  U  I  A  T  C  S  Y  F  R  U  P  A  N
O  C  T  A  N  D  T  H  E  U  W  H  O  O  Y
N  I  T  I  D  O  L  S  O  H  Z  X  S  M  S
C  P  H  N  P  U  I  Y  E  H  T  F  O  O  N
E  G  A  R  U  O  C  N  I  M  A  J  N  E  B
T  L  T  A  T  E  L  B  A  N  I  M  O  B  A
```

Daniel 3:15

NOW IF

ye be READY

THAT at

WHAT TIME

ye HEAR the

SOUND of the

CORNET,

FLUTE,

HARP,

SACKBUT,

PSALTERY,

and DULCIMER,

and all KINDS

of MUSIC, ye

FALL DOWN and

worship the IMAGE

WHICH

I HAVE

MADE

WELL: But if

ye WORSHIP NOT,

YE SHALL

be CAST

the SAME

HOUR

into the MIDST

of a BURNING

FIERY

FURNACE.

```
X R M Z L L Z N J R E Q I T O
F K N I V O M T U F G M S S E
W W R E H A S F R G N D A A P
O H E A R A A D P K I N D S R
R O R L C L V S H M N N K Q E
S P A Y L T A E C O R N E T M
H H B D H L C Y W R U A E U I
I M O A T A S I C A B R S B C
P W T E N O F F U N T I Z K L
N S R R U H L I K P C V E C U
O Y U N P F U E I I W Y Y A D
T F D M G J T R E G M H R S W
O L L A H S E Y L L K A I N O
K P D D B A T S X K Z N G C Y
M N B E X P W H A T T I M E H
```

2 John 1:3-6

GRACE

BE WITH YOU,

MERCY, and

PEACE, from

GOD the Father,

and from THE LORD

JESUS CHRIST,

THE SON of the

Father, IN TRUTH

AND LOVE.

I REJOICED

GREATLY that

I FOUND of thy

CHILDREN

WALKING in truth,

AS WE HAVE

RECEIVED

A COMMANDMENT

from THE FATHER.

AND NOW

I BESEECH thee,

LADY, not

AS THOUGH

I WROTE a

NEW commandment

UNTO THEE, but

that WHICH

WE HAD from

the BEGINNING,

that WE LOVE

ONE ANOTHER.

And THIS IS LOVE,

that WE WALK

AFTER his

COMMANDMENTS.

```
N D E C I O J E R I W D M X Q G
H G U O H T S A N O S E H T N N
D E V I E C E R N Z W I L I A I
L T G U C J T D B C N E N S D K
T H R N A F N E H T T N W N L L
S I E T E A W I R O I E U A D A
I S A O P I L U R G H O L A L W
R I T T T D T W E A F A H A J K
H S L H R H I B V I F E U A D C
C L Y E Y C R E M T W G S N T Y
S O N E I B E S E E C H A D E A
U V H C I H W R Y P W Q G L Y Z
S E T H E L O R D X W E L O V E
E H O N E A N O T H E R N V D W
J G R A C E T H E F A T H E R A
S K E S T N E M D N A M M O C A
```

THEREFORE we

WERE

COMFORTED

IN YOUR

COMFORT: YEA,

and EXCEEDINGLY

the MORE

JOYED we

FOR THE

JOY OF

TITUS, because

his SPIRIT

was REFRESHED

BY YOU

ALL. FOR

if I HAVE

BOASTED

ANY THING

TO HIM

OF YOU,

I AM NOT

ASHAMED;

BUT AS

we SPAKE

all THINGS

TO YOU in

truth, EVEN

SO OUR

BOASTING,

WHICH I

MADE

BEFORE Titus,

is FOUND

a TRUTH.

```
A J X U Q Q S T D L Y B E Q B R
S T I R I P S E H L B D N E R X
H F N G A V H U G E E D F E T B
A O J K V S D N O T R O N I V V
M R E U E U I E H Y R E T U C E
E T L R O D F I T E O U F H O N
D H F Y E Y N P A R S T O O U F
N E Y E A G F W T M O G S Y R G
R B C H S E H O Y O N F I F N E
D X D E T S A O B I H O M I R I
E S X C O U R J H S G I T O H O
Y C O M F O R T Y E A S M C C W
O H N O F M Y T R S A T I S C J
J H Y L U N A E D O F H U J D Y
O O L A A R W D B D W G T B J P
J A M G I H A V E D G L D X H I
```

Biblical Foods A-E

ALMOND	CELERY
AMARANTH	CHEESE
ANTELOPE	CHERRY
APPLE	CHESTNUT
APRICOT	CHICORY
ARTICHOKE	CINNAMON
BANANA	COLLARD GREENS
BARLEY	CORN
BEANS	CRANBERRY
BEET	CUCUMBER
BLUEBERRY	CURDS
BOYSENBERRY	CURRANT
BREAD	DATE
BROCCOLI	DEER
CABBAGE	DILL
CARROT	EGGPLANT
CASHEW	EGGS
CAULIFLOWER	ENDIVE

```
R E B M U C U C D C A B B A G E
E P C U S L C P B R O C C O L I
G O O O T D L I J L T G B P P Y
G L L Y C E R I N K O E P J E R
P E L P R E G U D N A A E W V R
L T A S Y R L G C N A E F B I E
A N R N R G E E S A L M O N D B
N A D C R L D H R V D R O O N N
T H G U E O B A C Y Y A V N E A
O T R R B A C S T E S E E H C R
C N E R N C A S H E W U L R V C
I A E A E K O H C I T R A R B W
R R N N S R E W O L F I L U A C
P A S T Y R R E B E U L B H O B
A M U T O R R A C C H I C O R Y
E A N R B T U N T S E H C Q A U
```

Revelation 22:19-21

AND IF any

MAN SHALL

TAKE away

FROM THE

WORDS of

THE BOOK

OF THIS

PROPHECY,

GOD shall

take AWAY

his PART

OUT OF the

BOOK OF

LIFE,

AND OUT

of the HOLY

CITY,

AND FROM

the THINGS

WHICH are

WRITTEN

IN THIS

BOOK. HE which

TESTIFIETH

THESE

things SAITH,

SURELY

I COME

QUICKLY. Amen.

EVEN SO, come,

LORD JESUS. The

GRACE of our

Lord JESUS CHRIST

BE WITH

YOU ALL.

```
Y  I  H  M  I  K  P  F  O  N  Y  A  E  U  O  H
B  L  N  C  H  F  O  K  O  O  B  V  N  T  Q  T
R  X  O  T  I  U  S  O  K  T  E  B  H  D  D  E
J  M  I  H  H  H  E  U  B  N  U  E  P  Q  I  I
E  A  Y  W  B  I  W  H  S  E  S  O  A  A  W  F
S  F  L  E  R  E  S  O  K  E  H  G  T  O  R  I
O  R  K  M  L  I  W  H  L  O  J  T  R  A  M  T
M  E  C  A  R  G  T  I  F  Y  O  D  P  O  K  S
A  K  I  G  B  Y  F  T  T  K  S  B  R  D  W  E
N  J  U  A  O  E  H  I  E  H  A  F  O  O  T  T
S  P  Q  U  T  I  C  H  G  N  D  G  P  K  L  O
H  F  A  K  S  H  T  Y  D  N  M  G  H  R  G  R
A  L  B  N  H  M  I  O  A  S  U  R  E  L  Y  O
L  B  X  I  O  N  U  N  X  W  F  Q  C  Z  D  W
L  R  Y  R  Q  T  I  Y  G  J  A  M  Y  H  I  A
B  W  F  L  V  J  E  S  U  S  C  H  R  I  S  T
```

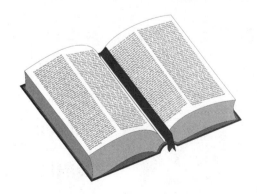

ABIDING

ACQUAINTING

ADMONISH

CIRCUITS

CLOUDS

COMMUNED

CONCERNING

CONCLUSION

GENERATION

HEARING

INCREASE

KNOWLEDGE

MARVEL

MUSICAL

OBSERVE

OINTMENT

OPPRESSIONS

PERCEIVED

Great POSSESSIONS

SATISFIED

SERVANTS

SICKNESS

SORROW

SWALLOW

THITHER

UTTER

VANITIES

VEXATION

VINEYARDS

WINGS

```
S B L R N S O P E R C E I V E D
G I X N O I T A R E N E G X L V
V K C L G N I N R E C N O C I W
C A P K G N I R A E H W O N J L
L V N O N N P T O V I T E A A G
E G S I S E O G N N R Y I C S N
S G N S T S S I G E A E I H C I
V W D I A I E S S R M S S O T T
E H A E D T E S D U U T M A E N
X S L L L I I S S M L M N V P I
A I A E L W B S T I U C R I C A
T N F E V O O A F N O E N L O U
I O L H R R W N E I S N O O T Q
O M D A R C A D K B E U S T C C
N D Q O Y Y N M O Q D D E S G A
P A W T S N O I S S E R P P O F
```

The ELDER

UNTO THE

WELLBELOVED

GAIUS,

WHOM I

LOVE IN

THE TRUTH.

BELOVED, I

WISH

ABOVE all

THINGS

THAT THOU

MAYEST

PROSPER AND

BE IN

HEALTH,

EVEN AS thy

SOUL

PROSPERETH.

FOR I

REJOICED

GREATLY,

WHEN THE

BRETHREN

CAME and

TESTIFIED

OF THE

TRUTH THAT is

in THEE, EVEN

AS THOU

WALKEST

IN THE truth.

```
G H T E R E P S O R P E P J X G
U W A P S C S N R E J O I C E D
M L H P R O S P E R A N D R H L
I R T E U P H E A L T H Y F O B
Q D H L N S G N I H T L M G T F
F E T W T T T T E S T I F I E D
L V U C H D H S K A A S T H O U
T O R L E O U E E S V Z F T A U
H L T O T K M R U K B E H T F O
E E W V R J G I C E L U E Y X H
E B Y E U P A A L E N A F E T T
E L D I T G M O B T V I W M E T
V L G N H E V E O O W E E X V A
E E G C A E I T S I V N N B C H
N W L S D S H Y S T S E Y A M T
C W M I N E R H T E R B B X S Y
```

Words from Philemon 1-12

AGAIN

AGED

APPHIA

BONDS

BROTHERS

CHURCH

CONSOLATION

DEARLY

EFFECTUAL

ENJOIN

FAITH

FELLOWLABOURER

GRACE

HOUSE

JESUS

JOY

MIGHT

ONESIMUS

PAST

PAUL

PEACE

PRAYERS

PRISONER

RATHER

RECEIVE

SAINTS

SENT

THANK

TIME

TIMOTHY

TOWARD

WHICH

WHOM

```
F T I W T S P Z Z N L G T C W B
E I S W V W T S Y P I F R P R G
L M O A H D U N F M L O I A E O
L O O I P S E H I N A G J H C N
O T C H E E E G X A N G K N G E
W H X J W N H E A P S N A O E S
L Y M G S T F Q S B A E M I V I
A R E H T A R R I H F U V T N M
B P K T I M E J T F D C L A Y U
O E Y T S Y G A E I H S J L H S
U V H A A N I C T U I B R O B N
R I S R E H T O R B O A U S Y O
E E P C P U U C G N E S S N L A
R C A P A C H U D D E S J O O N
B E A L P R I S O N E R Q C S W
P R V H E T O W A R D G M L M R
```

Be STRONG,

SHOW

YOURSELF

A MAN,

and OBSERVE

WHAT

THE LORD

YOUR GOD

REQUIRES:

WALK

IN HIS

WAYS, and

KEEP his

DECREES and

COMMANDS,

HIS LAWS and

REQUIREMENTS, as

WRITTEN in

THE LAW

of MOSES,

SO THAT

YOU MAY

PROSPER

IN ALL

YOU DO and

WHEREVER

YOU GO.

```
S K X O F S W Y U B J F F T R J
W S C R I C K Y W Z Y Q A A E H
Y S T H E L O R D I W H W H V K
C G N N A Q I M Y D T A Y W E I
P I L W E T U Q M O E O L E R X
A E O A T M L I S A U C P E E E
A H D E K U E H R M N D R E H S
S F N F T S I R A E D D O E W T
E O L I R S G Y I M S G S B E F
V Y T E L T M S O U Q Q P W E S
S A O A S E M S I D Q Q E V V H
A T W U M R E J M I N E R U V O
W S R N R S U O D O N E R L K V
F D Y O O G U O Y O S A D D B J
U A M A N R O V Y B V X L N J K
Z V S F W G J D O G Z X Q L Y O
```

AND GOD

shall WIPE

AWAY all

TEARS

FROM

THEIR eyes;

and THERE

shall BE NO

MORE

DEATH,

neither SORROW,

nor CRYING,

NEITHER

SHALL there

BE ANY

more PAIN;

FOR THE

FORMER

THINGS are

PASSED away.

AND HE

THAT sat

UPON the

THRONE

SAID,

BEHOLD I

MAKE all things

NEW. And he

said UNTO

me, WRITE

for THESE

WORDS are

TRUE and

FAITHFUL.

```
O D D P R B T S R S I O W S E B
D G A I T P A H G E T U F P D O
F W L L A H S D E N H W W R D W
M X R I R S E K U S I T O J O O
K S N I K A W O U P E H I R G M
B B E P T O R N D T A H T E D O
S H U H R E S G T U H S H K N S
T M W R M C E H L G T D S E A V
C M O R V M E U R T N F B E K V
P S O R L R F W N A B I R O D S
W F U K E H I Q S E T A Y E C R
B I X U T H G Z H K W H M R R A
E H P I Y U T O Q A I V R K C E
A O A E X M L R Y X I N A O K T
N F L Z C D V M O C E Z I A N R
Y O S G I W P M P F P S M M C E
```

1 Thessalonians 3:12-13

AND THE

Lord MAKE

YOU TO

INCREASE

and ABOUND

IN LOVE

ONE TOWARD

ANOTHER

AND TOWARD

ALL MEN,

EVEN AS

WE DO

TOWARD YOU:

TO THE

END HE may

STABLISH

YOUR

HEARTS

UNBLAMEABLE

in HOLINESS

BEFORE

GOD, EVEN

OUR FATHER,

AT THE

COMING

OF OUR

LORD

JESUS

CHRIST

WITH ALL

his SAINTS.

```
M D X H M H N O R G E T D E I T
K H D A O D S E V O L N I S O X
Y U K L N L H I V Q N S D T M H
E E O U L T I Y L E H E H H E I
L B O Y O R S N O B D E M A E N
B B S N D W R A E U A O R L G L
A B A U Q R N E I S T T G C L L
E E X D U D A O H N S O S J S A
M F R H T R G W W T T K E E I H
A O S H U N U E O R A S N Q U T
L R E O I S D O A T U F I Q M I
B E F M A O A U Y S D I R R C W
N O O N E T O W A R D N W U H A
U C E O T J H N N D U Y A S O C
D V M H Z O X P I F T N S G N A
E M E S A E R C N I D E V U W J
```

AND NOW,

LORD,

BEHOLD their

THREATENINGS:

and GRANT

UNTO THY

SERVANTS,

THAT with

all BOLDNESS

THEY MAY

SPEAK

THY WORD,

by STRETCHING

FORTH

THINE HAND

TO HEAL; and

that SIGNS

and WONDERS

may BE DONE

by THE NAME

OF THY

holy CHILD

JESUS. And

WHEN they

had PRAYED,

THE PLACE

WAS SHAKEN

WHERE they

were ASSEMBLED

TOGETHER;

and THEY WERE

all FILLED with

THE HOLY GHOST...

```
K W X P X Z P O Z S Y W Q J R F
T S O H G Y L O H E H T C S S I
C P S N E N O D E B P Y S S G L
T T E W D H D M X R H P E N Y L
H O R A T N A R A T E N I A G E
R G V S H N A Y O A D H M Y R D
E E A S E G E T K L C Y W E D V
A T N H P D N A O T E T W N A P
T H T A L U G B E H Y Y A B Z D
E E S K A S S R T B E H X H L R
N R D E C R T R A H E N T A T O
I J I N E S O Z T N S H E F Y W
N I E D A F Z I I I T H O H O Y
G N N S O V U H G W O R U L W H
S O T C U R T N S T C H I L D T
W E Q P A S S E M B L E D T X O
```

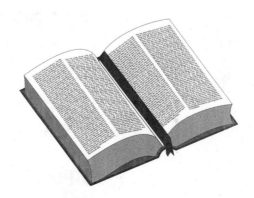

Joel 2:21-22

FEAR NOT,

O LAND;

BE GLAD

AND REJOICE:

for THE LORD

WILL DO

GREAT

THINGS.

BE NOT

AFRAID,

YE BEASTS

of THE FIELD:

FOR THE

PASTURES

OF THE

WILDERNESS

DO SPRING,

for THE TREE

BEARETH

HER FRUIT,

the FIG TREE

AND THE

VINE DO

YIELD

THEIR

STRENGTH.

```
O  F  T  H  E  F  I  E  L  D  G  E  N  X  H
B  C  D  Y  O  R  Q  S  T  R  E  N  G  T  H
T  I  O  L  Q  L  O  M  G  C  Z  Z  E  J  H
D  B  S  A  G  D  A  F  I  G  T  R  E  E  L
I  D  P  F  L  T  N  N  Y  V  A  Z  H  Y  M
A  E  R  L  H  B  D  V  D  E  I  E  Q  I  Q
R  X  I  I  L  S  R  Y  B  A  R  N  X  E  C
F  W  N  T  T  E  E  U  E  F  L  T  E  L  W
A  G  G  N  H  B  J  R  R  H  H  G  B  D  K
S  Z  S  T  E  E  O  U  U  E  T  X  E  X  O
C  X  D  A  L  V  I  U  T  T  N  R  N  B  U
Q  N  S  C  O  T  C  R  A  E  S  H  O  S  U
A  T  O  N  R  A  E  F  G  R  E  A  T  F  H
S  W  I  L  D  E  R  N  E  S  S  H  P  H  C
```

Gideon's Army (Judges 7)

THE LORD
CHOSE
a YOUNG
man NAMED
GIDEON to
lead AN ARMY
AGAINST
the MIDIANITES.
HE GATHERED
THIRTY-TWO
THOUSAND
MEN BUT
God THOUGHT
that NUMBER
too GREAT
AND HAD Gideon
DISMISS
ANYONE
WHO FELT
the LEAST
FEAR.
THE TEN thousand

that REMAINED
WAS STILL
MORE THAN
God WISHED
TO SEND
into BATTLE.
God THEN HAD Gideon
TAKE his men
to the WATER
and SEPARATE
THOSE WHO
BROUGHT their
HANDS to
their MOUTHS
FROM THOSE
who KNELT
to DRINK.
The THREE
HUNDRED
who DRANK
FROM THEIR hands
WOULD
MAKE UP the army.

```
W A S S T I L L Y Z D R E B M U N
L V W E D D A M S E P A R A T E O
H C T Q K N R Y O U N G H Z G E E
M L H T Y A A O T Z G A E D I O D
U E E O N S T H L R D I G G N T I
Y S N A D U L O E E F N A R W A G
W E H B L O E O F R H S T E P T G
R T A G U H A M O R E T H A N H L
E I D Y O T S M H D N E E T R G F
M N C Z W S T T W D E L R A U U R
A A H T I H H U E R T R E H T O O
I I O M O O O H P T E F D D T R M
N D S S U S S U A L H G R N Y B T
E I E G I I E B R E T A W P U Y H
D M H M W K W N B N N W H I E H E
U T K X A Y H L D K N I R D O E I
Q S Q M H N O W T Y T R I H T J R
```

AGAIN I	**OF MY**
SAY UNTO	**FATHER**
you, **THAT**	**WHICH**
IF TWO	**IS IN**
OF YOU	**HEAVEN.**
shall **AGREE**	For **WHERE**
on **EARTH**	**TWO OR**
as **TOUCHING**	**THREE** are
ANY THING	**GATHERED**
that **THEY**	**TOGETHER**
SHALL ASK,	**IN MY**
IT SHALL	**NAME,**
BE DONE	**THERE AM I**
FOR THEM	**IN THE MIDST**
	OF THEM.

```
F O R T H E M R K R M H I L Y
T L I A H R W N S M E H T F O
S O Y H S R H S P A O H J J E
D W G T J H E G V B Y D T A Q
I T M E C L A E N E U U R A G
M F I I T N L N I R T N D F
E I H N D H I J L O H E I T C
H W E V I S E D A A D T H J O
T Z S B I A E R Y G S E Y W I
N A C N R R G N H H R K B N T
I U A O E N O A A E K E M H A
X M O H U I Y L A H T Y E R Q
E W T Y Y M L M J V Y Y H C M
T A N D F M I D S B T K M T P
G Q R O T O U C H I N G F E K
```

Hebrews 12:2-3

LOOKING

UNTO

JESUS the

AUTHOR and

FINISHER

OF OUR

FAITH,

WHO FOR

THE JOY

THAT WAS

set BEFORE

him ENDURED

the CROSS,

DESPISING

the SHAME,

AND IS

SET DOWN

AT THE

RIGHT

HAND

OF THE

THRONE

OF GOD. For

CONSIDER

HIM THAT

endured SUCH

CONTRADICTION

of SINNERS

AGAINST

HIMSELF,

LEST YE

be WEARIED

and FAINT

IN YOUR

MINDS.

```
I W I G K S R A D R B L A O O
N U E P H E V E E E E T F F A
Y X S A A L R H F Y T T O N A
O H M L R U S O T H H U D O G
U E A G D I R S E E R I S I A
R C J N N E E A U I S H U T I
U O E I D L U D G S I Y S C N
S N F K O T G H S M E O I I S
A S T O H F T T U M J N D T
W I C O H F G H H I C E N A O
T D R L F W A O N R R H E R C
A E F A I T H D D W O T R T R
H R I F L E S M I H S N S N R
T N S E T D O W N A S Z E O B
T D E S P I S I N G Z T L C I
```

THEN CAME

the DISCIPLES

TO JESUS

APART,

AND SAID,

Why COULD

WE NOT

CAST the

DEVIL out?

And JESUS SAID

UNTO THEM,

BECAUSE

of YOUR

UNBELIEF:

For VERILY

I SAY unto you,

IF YE

HAVE FAITH

as a GRAIN

of MUSTARD

SEED, ye

SHALL SAY

unto this MOUNTAIN,

REMOVE

HENCE

to YONDER

PLACE; and it shall

remove, and NOTHING

shall be IMPOSSIBLE

unto you. HOWBEIT

this KIND

GOETH not out

but by PRAYER

and FASTING?

```
Y O N D E R E R T U Z C V R Q
D D C I M P O S S I B L E T G
P I R Y A S L L A H S M S P I
A S A A P R A Y E R O A U L D
N C H S T R G H I V C J A A H
D I D I S S U S E J O T C C A
S P A G G U U O V N R D E E V
A L F T D F S M Y A C E B E E
I E W E N O T E P C V E R N F
D S E G I U G A J I Y I O D A
E S A D K L O D R F L T L U I
U N T O T H E M I Y H U I A T
H O W B E I T B U I O B V B H
Y G S Z Z T H E N C A M E I G
Q F A S T I N G T U G R D I E
```

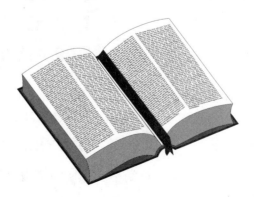

And Solomon
    GATHERED
CHARIOTS and
    horsemen:
and HE HAD a
    thousand
and FOUR hundred
    chariots,
and TWELVE
THOUSAND horseman,
which he PLACED
in the chariot CITIES,
and with THE KING
at JERUSALEM.
And the king MADE
SILVER
and GOLD
as PLENTEOUS
as STONES,
and CEDAR trees
made he AS THE
SYCAMORE
TREES that are
in the VALE....
And SOLOMON had
    horses
BROUGHT OUT
of EGYPT,
and linen YARN...
And they FETCHED up,
and brought FORTH
...A CHARIOT
FOR SIX hundred
SHEKELS of silver,
and an HORSE
for an HUNDRED
and FIFTY:
and SO BROUGHT
THEY OUT horses
FOR ALL the kings
of the HITTITES,
and for the KINGS
of SYRIA,
by their MEANS.

```
T H O U S A N D A G B V O C A E
S D F F R H Y C E R O M A C Y S
O S O O T A H S O Q D L S L S U
B U E R R A D U O H E N D T E O
R M O N R A G E D L A G O P T E
O F E I O H L A C E O I Y K I T
U X O L T T H L M T R M M P T N
G T I O A E S E Z A H E O T T E
H D U S H S V G H N N E H N I L
T T E T R L U C V M S S K T H P
U D S H E O C R H H E K S I A C
O A E W C H F T E I A Y I M N G
Y X T C O T R K T J R M T N U G
E V W R A E E I A I A Y J F G M
H U S P E L C F A D R E V L I S
T E B S S W P D E R D N U H T F
```

1 Kings 4 People

ABIATHAT

ABINADAB

ADONIRAM

AHIAH

AHILUD

AHISHAR

AZARIAH

BAANA

BASMATH

BENAIAH

DEKAR

ELAH

ELIHOREPH

GEBER

HESED

HUR

HUSHAI

IDDO

JEHOIADA

JEHOSAPHAT

MANASSEH

NAPHTALI

NATHAN

PARUAH

SHIMEI

SHISHA

SOLOMON

TAPHATH

URI

ZABUD

ZADOK

```
H U S H A I D A H I L U D D L
J M X A A S H I M E I E E A N
E X F L W I D M D S S K H N M
H G H E H D R A A E A I U A E
O Y M P O D B A H R S N N T J
S Y X X E I U B Z H I A A H Q
A B J C A R A B A A S N T A B
P J E T I D O R A S H A O N B
H S H N A L A H E Z M S R D W
A A O N A F A H I S J E I R A
T Z I L H I A T A L B E K H H
I B A S O U A B H E E R R A S
A A D D R M R H G P U J I V B
U T A A O N O T H T A H P A T
D U P R D K Q N I B A N J G Q
```

TO TITUS,

MINE

OWN SON

AFTER the

COMMON

FAITH:

GRACE,

MERCY, and

PEACE,

FROM God

the FATHER

AND THE

LORD Jesus

CHRIST our

SAVIOUR.

For THIS

CAUSE

LEFT I

THEE in

CRETE,

that THOU

SHOULDEST

SET IN

ORDER the

THINGS that

are WANTING,

and ORDAIN

ELDERS in

EVERY

CITY, as I had

APPOINTED thee....

```
O A C B Q L D E T N I O P P A
E C O M M O N S Q N P E V U X
Q X D T J R E B C V C G P K T
T T C U N D E H R A N M Q H A
G Q F I L O M H E I I V I U F
M R T U T E S P T N L N N E T
S E O F E Y F N E A G R A C E
S H R H L O A T W S F Z S T R
S T T C E W I C O O Y R E V E
J D M S Y T T F C T E T O I D
V N U F I Y H H U D I R H M R
S A V I O U R O L T Z T X I O
C O R D A I N E U N X S U K S
N Y Z S S X Q Y Z I D B V S I
X N I T F E L H H O I M S Q F
```

Puzzle 52: Joshua Defeated Them All

The KINGS of

JERICHO,

JERUSALEM,

HEBRON,

JARMUTH,

LACHISH,

EGLON,

GEZER,

DEBIR,

GEDER,

HORMAH,

ARAD,

LIBNAH,

ADULLAM,

MAKKEDAH,

BETH-EL,

TAPPUAH,

HEPHER,

APHEK,

LASHARON,

MADON,

HAZOR,

SHIMRON-MERON,

ACHSHAPH,

TAANACH,

MEGIDDO,

KEDESH,

JOKNEAM,

GILGAL,

TIRZAH,

AND DOR.

```
N O R E M N O R M I H S M M H
M A K K E D A H R A D A D E U
M E G I D D O I Z J E E P P A
H S E D E K B R A N S H O N H
N Z D Z P E I R K K E L D C N
H O E G D T M O E R A D A O O
A P R T E U J H Y C O N D C R
U D A B T Z P C H R A A J S F
P G U H E A E I H A M R O H N
P L I L S H S R T R H T D O N
A E I L L H J E R U S A L E M
T H I B G A C J M N R G Z E P
T T R F N A M A N A E N N O X
N E M S C A L U G P W Q R I R
B B E L A S H A R O N G I M K
```

Puzzle 53: People from Romans 16

ANDRONICUS	OLYMPAS
APELLES	PATROBAS
AQUILA	PERSIS
ASYNCRITUS	PHEBE
EPAENETUS	PHILOLOGUS
ERASTUS	PHLEGON
GAIUS	PRISCILLA
HERMAN	QUARTUS
HERMES	RUFUS
HERODION	SOSIPATER
JASON	STACHYS
JULIA	TERTIUS
JUNIA	TIMOTHEUS
LUCIUS	TRYPHENA
MARY	TRYPHOSA
NEREUS	URBANE

```
U P Q S U C I N O R D N A E Q W
Z A N E H P Y R T L A Z S P P E
O T L S N J R A K M R U I A B H
O R F L C A S E R S E L L E P A
L O P J I T B E T R Y P H N T C
Y B K D A C H R E A T P P E E S
M A N C S R S N U A P H R T R T
P S H X Y U L I X J I I Q U T T
A Y U R N U E A R L N L S S I R
S Z A T C O Q H O P A T U O U Y
R M W I R U I L T I Z P S J S P
G U U A I A O D N O G E L H P H
A S F L T G U U O O M I O L T O
I L A U U X J Q O R S I L N C S
U L W S S I S R E P E A T E I A
S U T S A R E H G T C H J I U F
```

Romans 15:3-4

For EVEN

CHRIST

PLEASED not

HIMSELF;

BUT, AS IT

IS WRITTEN,

the REPROACHES

of THEM THAT

REPROACHED

THEE

FELL ON

ME. FOR

WHATSOEVER

THINGS

WERE written

AFORETIME were

WRITTEN FOR

our LEARNING,

THAT WE

THROUGH

PATIENCE

and COMFORT

OF THE

SCRIPTURES

MIGHT

HAVE

HOPE.

```
D X R D E H C A O R P E R R T
A F O R E T I M E D Y B E O A
W H A T S O E V E R U P F C H
K K S W P N A S S T R I O B T
W N N G V H A O A O S M P H M
A L O N N E H S A W F W R I E
P E D L L I I C R O E O G M H
T A O P L T H I R R U H A S T
Q R T R S E T T E G T G O E O
H N O I S T F S H E V Z E L B
F I J F E N Q Y I O H R W F K
Z N F N E N E E H R F T T G J
P G F Y Q M C V G O H T A S W
X O A J M C S E E H P C H H M
R S E R U T P I R C S E T E Z
```

THOU HAST

MADE

KNOWN TO

ME THE

WAYS OF

LIFE; THOU

SHALT

MAKE ME

FULL

OF JOY

WITH THY

COUNTENANCE.

MEN AND

BRETHREN,

LET ME

FREELY

SPEAK

UNTO YOU

OF THE

PATRIARCH

DAVID, THAT

HE IS BOTH

DEAD AND

BURIED,

AND HIS

SEPULCHRE

IS WITH

US UNTO

THIS DAY.

```
D N A N E M H E I S B O T H U
U C A X X H M D I K Q N G N Y
C O U N T E N A N C E K T L O
L D H I D A C O D R A O E H J
K E W T D H W G H E Y E B N F
D S T A E N I C P O R R P L O
I A E M T F R S U F E H I K S
D D V O E A I T T T C H U Y
W E M I I T H L H G Y L S Z A
U I I R D O H R L A O U A E W
S F T R U T E E D U N P M H H
V A J H U N H S H T F E W Z S
P U A L T B I A O T K S W H G
O S P V G H F A T A F M S A Y
T K J S T J Y J M H E O H Q B
```

And ABOVE ALL

THESE things

PUT ON

CHARITY, which is

the BOND

of PERFECTNESS.

AND LET

the PEACE

OF GOD

RULE

in your HEARTS,

to the WHICH

also ye are CALLED

in one BODY;

and be ye THANKFUL.

Let the WORD

of CHRIST

DWELL in you

RICHLY

in all WISDOM;

TEACHING and

ADMONISHING

ONE another

in PSALMS

and HYMNS

and SPIRITUAL

SONGS, singing

with GRACE in your

hearts

to THE LORD.

And WHATSOEVER

YE DO IN word

or DEED,

do all in the NAME of

the Lord JESUS,

giving THANKS to

God and

the FATHER by him.

```
P E R F E C T N E S S N M Y H
I W I D R D I A T M O D S I W
W C C O W O W N E C A K D B X
O L H E D W I D A S N N O F V
R U L E U Q T L C A M D R N N
D L Y A U R L E H O Y L E N E
C O T O E E L T I S T R A E H
E H I K D V S H N I B F X S D
O C R K C E O K G B O N D E P
F I A I Q O N B D R O L E H T
G H H R S S G F A T H E R T L
O W C U G T S L U F K N A H T
D R S E C A E P E H Y J E O R
Q E G N I H S I N O M D A Q S
J V J B N W L A U T I R I P S
```

Words in Psalm 64

ARROWS

BEND

BITTER

BOWS

COMMUNE

CONSIDER

COUNSEL

DECLARE

DEEP

ENCOURAGE

ENEMY

EVIL

FEAR

FLEE

GLORY

GOD

HEART

HIDE

INIQUITY

INSURRECTION

INWARD

LIFE

PERFECT

PRAYER

PRESERVE

SECRET

SHOOT

SWORD

TONGUE

UPRIGHT

VOICE

WHET

WHO

WICKED

WORDS

WORKERS

WOUNDED

```
A C K S E G A R U O C N E W E
P R Z C W M C H S R E K R O W
R S R L C O N S I D E R D U V
A T I O U S R D R A W N I N I
Y V O N W H G D W W F U C D N
E P S O I S N L H V D L U E S
R E B D H E Z B O W A T E D U
L Y E F B S C I P R H C B E R
L T P N S W C R D P Y E I V R
E I H U U E W A E J F T R E
N U F G U M C I T E V R T E C
E Q G E I L M R C D F E E S T
M I R N A R A O E K O P R E I
Y N U R O E P M C T E G U R O
L I E K H T X U W O R D S P N
```

From Solomon Chapter 6

ARMIES	MOON
ASIDE	MORNING
AWARE	MOTHER
BANNERS	NUMBER
BEAUTIFUL	NUTS
BELOVED	ONLY
CHARIOTS	OVERCOME
COMELY	PIECE
COMPANY	QUEENS
DOVE	RETURN
EVERY	SEEK
FAIREST	SOUL
FLOCK	TEETH
FROM	THINE
GARDEN	TURNED
GATHER	TWINS
GONE	VALLEY
HAIR	VINE
LOOK	WASHING
MINE	WERE

```
N S C O M P A N Y V F H K B L
U N W O M Q R S O L A R E U O
M I N E T U N V O L E L I R O
B W F W T E E C U G O M L A K
E T Z E E R K F Y V A F O E H
R D R U C R I R E T V T R C Y
B O Q O A T E D S T E S H O M
A V M W U V M N A Y U E Z E M
N E A A E O G R I R L R T H R
N R E N R N M I H V U I N H T
E B U N I I K Y L N O A O E Y
R T I H E C E I P E S F H M D
S N S S T Z E N E D R A G O Y
G A S I D E S W O R E H T O M
W S T O I R A H C G T H I N E
```

Micah 1 Words

AGAINST	IMAGES
BEAST	KINGS
BEGINNING	MOUNTAINS
CAREFULLY	PLACES
COMETH	POUR
DECLARE	PRESENTS
DRAGONS	RECEIVE
EAGLE	RETURN
ENLARGE	STEEP
FIELD	STONES
FORTH	TEMPLE
GATE	THEREIN
GLORY	THYSELF
GOOD	TREAD
GRAVEN	VALLEYS
HEARKEN	WAIL
HIRE	WATERS
HOUSE	WITNESS
IDOLS	WOUND

```
I G L M S R E T A W F M S G D
X M L E U E E S Y E L L A V E
S I A O A G D R A G O N S O C
T Q P G R L G M T D P D N B L
N G L A E Y S R I E L W I E A
E E L I T S N I A G A W A G R
S N F O E S H R Y V B O T I E
E L X N E E E L K E E U N N L
R E T C A C L N T D U N U N P
P I A R E U F H O N A D O I M
W L K I F S E O T T R E M N E
P E V E W R G S R E S U R G T
N E R P E E T S U T M A T T A
F A K I N G S V P O H O E E G
C T N T H Y S E L F H R C B R
```

BAG	FULFILLED
BASIN	HEART
BETRAY	INTENT
BLESSED	KNEW
BOSOM	LOVED
BREAD	POOR
CHILDREN	RECLINING
CHOSEN	SCRIPTURE
CLEAN	SPIRIT
CROW	SUPPER
DIPPED	TABLE
DISCIPLES	TEACHER
DOUBTING	TESTIFIED
EXAMPLE	TOWEL
FEAST	TROUBLED
FOLLOW	WASH
	WATER

```
T N E T N I F O F H Y A R F F
X E G K L· K O E S F E E P E U
O O A O Z D L E X D T A D A L
Q T V C I D L G B A L R R S F
T E R P H P O J W E M A E T I
D R P E I E W U W R T P D Z L
B E O C C N R O B B N R L B L
D C S U E L T K B T P W A E E
E I R S B T I S K O I G A Y D
D M O O E L I N O T S N M S U
C H D L W L E R I I A O G U H
C L G H C W B D I N K B M P W
G N E R D L I H C P G G L P N
G M T A D E I F I T S E T E E
B A S I N F S C R I P T U R E
```

ALOES	JEWELS
APPLES	LILIES
BEAUTIFUL	MARE
CALAMUS	MILK
CLUSTERS	MOUNT CARMEL
DARLING	PALM
DELIGHTS	POOLS
DOVES	RIBBON
FAWNS	SHEEP
FOUNTAIN	SHIELDS
FRUIT	SPRING
GARDEN	TAPESTRY
GAZELLE	TOWER
GOATS	UNIQUE
GOBLET	WELL
HENNA	WHEAT
INCENSE	WINE

```
H A L O E S E I L I L Q K S C
S P R I N G A Z E L L E D H A
I F Z B S R E T S U L C V I L
N O B B I R E U D O V E S E A
C U P U T O R M Q G S T W L M
E N A N A P A S O I H H E D U
N T N E P R A B L G N M E S S
S A N D E P L L I E R U D E Y
E I E R S E O L M A W D Y I P
W N H A T M E O C M A E T S W
F S T G R D F T L R I A J I Z
I A T E Y F N R L S E L P P A
N N W A S U V I U H I F K B W
D O X N O X N Q W I I D J W R
T X L M S G L U F I T U A E B
```

Be PATIENT

THEREFORE,

BRETHREN, unto

the COMING of

THE LORD.

Behold, the

HUSBANDMAN

WAITETH for

the PRECIOUS

FRUIT of

the EARTH,

and HATH

LONG patience

FOR IT, until

he RECEIVE

the EARLY

and LATTER

RAIN. BE YE

ALSO patient;

STABLISH your

HEARTS: for the

coming OF THE

Lord DRAWETH

NIGH. Grudge

NOT ONE

AGAINST

ANOTHER,

brethren, LEST

ye be CONDEMNED:

BEHOLD, the

JUDGE standeth

BEFORE

THE DOOR.

```
X A N O T H E R O X L E Z R H
G U E M T T H E R E F O R E O
G H Z A I T C E S K A I A G B
T C H U R O C T V L F R G D D
W H R A M L C S S I T O R U W
T F E I H N Y O T S E O R J A
T Z N L D U P T N A O C G I I
C G O L O L S R S D B W E V T
F B T O A R O B E N E L P R E
Z E O N F T D H A C I M I G T
C F N H I T T B E N I A N S H
P O V Y T G H E Q B D O G E H
D R A W E T H E R G L M U A D
R E Y E B N I A R L M L A S I
B R E T H R E N P A T I E N T
```

Matthew 28:1-2

In THE END

OF THE

SABBATH,

as it BEGAN

TO DAWN

TOWARD

the FIRST

DAY OF the

WEEK, came

MARY

MAGDALENE

AND THE

OTHER Mary

to SEE THE

SEPULCHRE.

And, BEHOLD,

THERE WAS

a GREAT

EARTHQUAKE:

FOR THE

ANGEL OF

THE LORD

DESCENDED

from HEAVEN,

and CAME

and ROLLED

BACK the

STONE

FROM THE

DOOR,

AND SAT

UPON IT.

```
I D K B P E A D O I J O J U K
H E A V E N M T E E T A F T T
S Y D Y D H H A E L K H H I E
E T A S O E O H C S L E N N A
E N A N R F T L E Z L O E N N
T T O E D M D P D O P L R W G
H D W T O T U E R U A L E A E
E A O R S L H D S D N H H D L
S D F O C T K E G C T L B O O
D N T H R F N A B F E A H T F
P E R O I U M E O V C N E Q R
G E F R W D G T S K M C D R W
K H S E K A U Q H T R A E E G
R T R B N O R Y T V E P R U D
S A B B A T H D I P J O J Y R
```

James 2:14-17

What GOOD

IS IT, my

BROTHERS,

IF A MAN

CLAIMS

TO HAVE

FAITH, but

HAS NO

DEEDS?

Can SUCH

faith SAVE HIM?

SUPPOSE a

brother or SISTER

is WITHOUT

CLOTHES and

DAILY

FOOD. If

ONE OF YOU

SAYS

TO HIM,

"Go, I WISH

you well; KEEP

WARM and

WELL FED,"

but DOES

NOTHING

ABOUT his

PHYSICAL

NEEDS,

WHAT good is it?

IN THE SAME way,

faith by ITSELF,

If IT IS NOT

ACCOMPANIED

by ACTION,

is DEAD.

```
D P K V D O N J R C L A I M S
N E G O O D N I H F O Q F N D
U E I N V D R E T J V Z W A L
T K E N I D E E O I F W I M A
F O O D A H C E T F S L T A M
L D O E S P T L D S Y N H F V
E I D Y U A M O O S I O O I A
S V A Z C C P O N T D S U T B
T S A T H O H W C O H V T F O
I M I H O T Y P H C W E A Z U
B O C C O N S A H A A I S I T
N Z S E E T I B R O T H E R S
H E H Q D F C M I H E V A S T
I N T H E S A M E S O P P U S
Z M D E F L L E W P I W I S H
```

Luke 15:22-24

BUT THE

FATHER

SAID TO

his SERVANTS,

Bring FORTH

THE BEST

ROBE, and

PUT IT ON

HIM; AND

put a RING ON

his HAND,

and SHOES

on his FEET:

And BRING

HITHER the

FATTED

CALF, and

KILL IT;

AND LET US

EAT, AND

be MERRY:

For THIS

MY SON

WAS DEAD,

AND IS

ALIVE

AGAIN;

HE WAS

LOST, AND

is FOUND.

And THEY

BEGAN

TO BE merry.

```
N  I  U  O  F  O  U  N  D  E  Z  K  F  S  D
H  A  U  W  U  T  L  B  D  N  T  U  U  X  K
H  E  G  A  E  T  N  A  P  F  A  T  T  E  D
A  R  W  E  A  N  E  T  Q  U  E  T  B  E  X
N  P  F  A  B  D  I  I  L  L  T  O  A  H  A
D  H  C  I  S  L  O  J  D  O  T  I  I  E  G
K  B  L  A  L  R  Y  N  B  T  S  T  T  I  A
D  Q  W  I  L  E  A  R  H  S  H  T  M  O  I
N  X  K  I  H  F  I  E  R  E  H  T  A  F  N
A  O  R  T  M  N  B  O  R  E  H  O  R  N  T
M  Z  G  Y  G  E  T  E  B  A  M  T  E  O  D
I  M  S  N  S  D  V  O  S  H  N  I  T  S  F
H  O  Q  T  I  H  R  I  F  M  B  D  S  U  G
N  O  O  A  N  R  H  L  L  J  I  H  I  H  B
B  M  S  W  D  T  S  T  N  A  V  R  E  S  D
```

TRULY the

LIGHT IS

SWEET, and

a PLEASANT

THING it

IS FOR

THE EYES

to BEHOLD

THE SUN:

BUT IF

A MAN

LIVE MANY

YEARS, and

REJOICE

IN THEM

ALL; YET

LET HIM

REMEMBER

the DAYS

of DARKNESS;

FOR THEY

SHALL

BE MANY.

ALL THAT

COMETH is

VANITY.

```
B F M I J U P A L L Y E T Z A
U K C I L S K I E L X H T Y P
S T B P H I Y T I N A V H L R
D A A C E T V Z K L T H E U B
L H M G T H E E Y E S A S R R
D T T Y N G N L M M S F U T E
Q L E E D I F I T A E Y N R M
W L E A M L H N N N J Z E E
Y A W R S O O T A A K Y P J M
N B S S D M C H M I R O S O B
T A R O F S I E E X A B U I E
Y J M F Y E B M P B D U B C R
C X O A C S H N F O R T H E Y
O V D K H Q F T F T Y I V K O
K R A K P R X W O I I F X F O
```

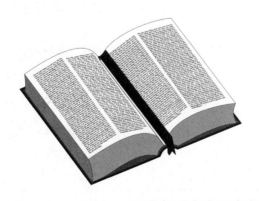

CAST

OUT the

SCORNER and

CONTENTION

SHALL go

out; YEA

STRIFE and

REPROACH

shall CEASE.

He THAT

LOVETH

PURENESS

of HEART,

FOR the

GRACE of

his LIPS

the KING

shall be HIS

FRIEND.

The EYES

of THE

LORD

PRESERVE

KNOWLEDGE,

AND He

OVERTHROWETH

the WORDS of

the TRANSGRESSOR.

```
P X W M R U I T A E D H D R A
D U W W S U G I S C D P G O H
T J R P R E P R O A C H N S T
E H T E G V T N A D C V H S E
G D A L N R T K X C L T S E W
D Q N T A E G E E I E C U R O
E T N E N S S F P V O T D G R
L D H T I E I S O R W R Q S H
W H I G Y R S L N P O W G N T
O O I M T P F E C L O G O A R
N A U S L I R O K R A G P R E
K Q E Q H Z O A D D W Y N T V
E Y A Y D A F S E P D O U I O
E Z W N U V L P I G S O S O K
C E A S E S J L S C T K O Y M
```

HAVE

NOTHING

TO DO with

GODLESS

MYTHS and

old WIVES'

TALES;

RATHER, train

YOURSELF

TO BE

GODLY. For

PHYSICAL

TRAINING

is of SOME

VALUE, but

GODLINESS has

value FOR ALL

THINGS,

HOLDING

PROMISE for

BOTH the

PRESENT life

and THE LIFE

TO COME.

THIS is a

TRUSTWORTHY

SAYING that

DESERVES

FULL

ACCEPTANCE.

```
Y S R E S I M O R P A Q M M H
H G R B O F J Y P C O L I R Q
T N E F I L E H T G J T G O T
R I H R G P Y W O H O U O O G
O H T V N S J D K B S P D E O
W T A E I F L E E T J O L C D
T H R C N Y U U V S H K E N L
S O A P I L S L N A E I S A I
U L J K A J G O L C H R S T N
R D T V R T T N M P D I V P E
T I B P T H O W I E S V L E S
M N X O I G I C Y Y N E J C S
N G K N T V C F O R A L L C G
Y S G D E H D T U M N S T A M
F L E S R U O Y P R E S E N T
```

MARY AND

JOSEPH WERE

A YOUNG

COUPLE

PREPARING

to BE MARRIED.

THE GOSPEL

OF LUKE

SAYS THAT

GOD SENT

THE ANGEL

GABRIEL

to the VIRGINAL

WOMAN

TO TELL

HER SHE

WAS TO

HAVE A

CHILD BY

DIVINE

CONCEPTION

AND THAT

the KINGDOM

OF HER

OFFSPRING

WOULD HAVE

NO END.

MATTHEW SAYS

that AN ANGEL

APPEARED

TO JOSEPH

IN A DREAM

and ASSURED

HIM THAT

MARY'S CHILD

is CONCEIVED

OF THE

HOLY SPIRIT.

```
M A T T H E W S A Y S N X K F V W
D I A Z L I C N D E I R R A M E B
K I N G D O M O D E R A E P P A D
L A V A N T O T N Y R C O U P L E
A E W I D I A F H C E U D Z I D T
N V P L N R R H T A E F S H S L A
I A Q S E E E P T H T P C S O E H
G H M S O I W A S S E S T T A G T
R N O O N G R R M F Y A S I X N D
I L I U W X E B C R F A N A O A N
V S P R A H T H A H W O S G Y N A
Z L F T A O K M T G I W V O E A Y
O N P A T P E V A H D L U O W L R
F X U E T N E S D O G N D C E U A
H O L Y S P I R I T G D F B P E M
E L T O J O S E P H W E R E Y E N
R M O F L U K E D E V I E C N O C
```

ADORE

ANOINTED KING

BELIEVER

BOOKS

CONFIDENCE

DAVID

EMINENCE

ENEMIES

FAITH

FAVOR

GOD as judge

HUMBLE

MEEK saved

MELODY

MIGHT

NEAR

PARDON

PATIENCE

POETRY

PRAISE

PRAYER

REFUGE

SAVING ACTS

SHEPHERD

SOLOMON

SONGS

Old TESTAMENT

THANKS

THIRST

TRUST

WILDERNESS

```
A T O W P P Y S P S E E S Y M
F D H P R Y B Y G G X R B D K
M A O A I E R O U N J N A P O
T E I R N T M F O I O V E M R
E S L T E K E I G K I S I A Z
E S R O H R S R N D S G K B R
C E P I D R E H P E H S Q Y O
N N Y O H Y F N E T N I E F V
E R G I A T O L K N X C N P A
D E L R T D B E L I E V E R F
I D P A R M E Q S O L O M O N
F L F A U M Q T B N U N I N W
N I P H S T N E M A T S E T S
O W P A T I E N C E H U S B S
C T K A S A V I N G A C T S T
```

Ancient Ages

APPARENTLY

"OLD" IS A

RELATIVE

TERM in

the BIBLE.

ADAM'S

SON, SETH,

was BORN when

HE WAS 130,

and he DIED at 930.

Seth LIVED

TO BE 912;

HIS SON

ENOSH

SURVIVED

905 YEARS;

Enosh's son KENAN

WAS NOT

CALLED

HOME for 912 years;

and his ELDEST,

MAHALALEL, was

HEALTHY until 835.

Mahalalel's son, JARED

MADE IT TO 962, and

his

son ENOCH was 365.

Enoch FATHERED

the BIBLICAL

RECORD

HOLDER,

METHUSELAH,

who REMAINED

ALIVE and

WELL FOR 969 years.

```
H E W A S N O T T I E D A M P
J L L V Q M A H A L A L E L O
E O O B U A P P A R E N T L Y
H L A C I L B I B B O Z Z D N
S D L M R B Y F O C M C O Z B
D I E D E E Y T H T E S N O S
P S H V A T M D E V I R U S
R A I R I D H A L X Q N O Y J
O T S C M L E U I Z B S X H I
F E S H A V A R S N N M T T X
L R O E U L E H A E E A J L C
L M N S N C L J O J L D N A P
E R W I O O W E V I T A L E R
W E B R Q T S E D L E T H H K
U L D A F A T H E R E D L O H
```

THIS BRIEF

EPISTLE,

JUST FOUR

HUNDRED

FORTY-FIVE

WORDS,

FROM A

POSSIBLY

IMPRISONED

APOSTLE

PAUL to

PHILEMON,

a CHURCH

SUPPORTER,

SEEMS TO

HAVE BEEN

WRITTEN

on BEHALF

of ANOTHER

CHRISTIAN

NAMED

ONESIMUS.

Many BELIEVE

the LATTER

TO HAVE been

A SLAVE

WHO RAN

AWAY FROM Philemon

AND NOW

SEEKS

TO MAKE

AMENDS.

Paul COUNSELS

FORGIVENESS and

RECONCILIATION.

```
R B E H A L F O R T Y F I V E O
N E A A R U O F T S U J G M N E
E P T N P J M A N D N O W A P F
E V A R O O R J A R N Z I I O J
B C E U O T S W S O U T S R C N
E O P I L P H T M W S T G H E D
V U A K L O P E L I L I U T E M
A N M M R E L U R E V R T R T O
H S E A O I B H S E C I D Q H R
O E N H H R C B N H R N S A I F
T L D P F T F E W W U E S N S Y
H S S E E M S T O H E L A Y B A
Y L B I S S O P E K A M O T R W
T O N E S I M U S V E X R U I A
I M P R I S O N E D L A T T E R
N O I T A I L I C N O C E R F Y
```

Galatians 6:2-5

BEAR YE ONE

ANOTHER'S

BURDENS, and

so FULFIL

THE LAW of

CHRIST.

FOR IF a

MAN THINK

HIMSELF

TO BE

SOMETHING when

HE IS

NOTHING, he

DECEIVETH himself.

BUT LET

EVERY MAN

PROVE his

OWN WORK, and

THEN

SHALL HE have

REJOICING in

himself ALONE and

NOT IN another.

FOR EVERY

man SHALL BEAR

HIS OWN burden.

```
R E J O I C I N G N I H T O N
S N E D R U B I D P Z G E Y E
T O B E O W N W O R K L R V Q
S E M S R E H T O N A E E N P
Y Y L E H L L A H S V R E O S
D R V T T Z V A A E Y O V T F
D A X M U H R L R M W E O I X
M E L S G B I O A L R M R N X
F B C F A W F N M V L O P V L
I L N E A M T E G O F P W N I
A L E L I H B F D Y X H W Y F
A A E S I V S W S U E O C K L
V H F N M F E U A I S D W T U
T S K A W I S T S I R H C R F
A W X F V H H A H J S H M A J
```

I GO THE

WAY OF

ALL THE

EARTH:

BE THOU

STRONG

THEREFORE,

and SHEW

THYSELF

a MAN; AND

KEEP THE

CHARGE

OF THE

LORD

THY GOD,

to WALK

IN HIS

WAYS, TO

KEEP HIS

STATUTES, and his

COMMANDMENTS,

AND HIS

JUDGMENTS, and

his TESTIMONIES,

AS IT IS

WRITTEN

IN THE

LAW OF

MOSES,

THAT THOU

MAYEST

PROSPER

IN ALL that

thou DOEST....

```
B S W K E E P T H E K W X T L
W E I R H S E A R T H L B T A
K J T T I F S H R D S T A E W
Q V L H I T O T T E O E F W O
Q L D N O S T Y N O P G Y O F
A N H N M U A E A E G S Y A S
A I I E G O D F N W M I O H M
S E I N O M I T S E T G E R T
S E T U T A T S F H E W D Z P
S G S I H P E E K L J H M U T
T R C O M M A N D M E N T S J
R A G U M M A N A N D S E N G
O H T H E R E F O R E O Y U I
N C T H A T T H O U D U G H V
G E M I N A L L O T S Y A W T
```

COME, and

LET US

RETURN unto

the LORD: FOR

he HATH

TORN, and he

will HEAL

US; HE hath

SMITTEN, and

HE WILL

BIND us up.

AFTER two

DAYS will

he REVIVE

US; IN the

THIRD day

he will RAISE US UP,

AND WE

shall LIVE

IN HIS

SIGHT. Then

SHALL WE

know, IF WE

FOLLOW on

to KNOW

THE LORD:

his GOING

FORTH is

PREPARED

AS THE

MORNING: and

HE SHALL

come UNTO US

as THE RAIN,

as the LATTER

and FORMER

RAIN UNTO

the EARTH.

```
U H W H E S H A L L W E X O U
H T K Y V A C S I T B Z X G B
W R N S I A G T Z H M F N N S
G O L A V N O S O T D C A I U
R F N H E W I L L R E R N N O
A D C K R G N D I A N Z D R T
I R K F H Y G H F E S D W O N
S O T T O Y T L P O M T E M U
E L Q H E R T I D I L O H H N
U A D W E H M V H N N L C E I
S A F T E R S E R E I H O I A
U I T L H Y A U R N S B I W R
P A O A A L T I T E U W Q S Q
L R T D J E I J N E T T I M S
D H D E R A P E R P L X U V I
```

THEN	**UP HIS**
SAID	**CROSS, AND**
JESUS	**FOLLOW ME.**
UNTO HIS	**FOR WHOSOEVER**
DISCIPLES,	**WILL SAVE**
IF ANY	**HIS LIFE**
MAN WILL	**SHALL**
COME	**LOSE IT:**
AFTER	**AND WHOSOEVER**
ME, LET	**will LOSE HIS**
HIM DENY	**life FOR MY**
HIMSELF,	**SAKE shall**
AND TAKE	**FIND IT.**

```
L R F O R W H O S O E V E R D
T D I A S E I L F H I B X U A
O F A A F N O L O E Q D R N N
U H O H X T E Z L S T J E T D
K P E R I S E H O S E K N O W
D A H E M S P R T Q A H K H H
U F S I Z Y L W D T C V I I O
V O H E S L S I D I H O E S S
L L C S A X S N F I F G M D O
B L B H U C A T M E U A C E E
X O S S I S I D D T N D N K V
Z W F P S D E U M W P R A Y E
K M L O N N U J I C T S J I R
J E R I Y P S L T S I B S Q Q
S C F T M E L E T K M B K P G
```

ZEBUL was a SERVANT OF ABIMELECH, who was CALLED Abimelech's OFFICER in JUDGES 9:28, AS WELL AS RULER of the city OF SHECHEM. IT WAS Zebul WHO WARNED Abimelech that GAAL had ENTERED THE CITY and TURNED its INHABITANTS against ABIMELECH'S RULE. Zebul CONCOCTED a PLAN TO ALLOW Abimelech to TAKE BACK SHECHEM FROM Gaal. He MISLED Gaal about the SIZE OF Abimelech's ARMY, then GOADED the USURPER into ATTACKING Abimelech's FORCES. HIS PLAN worked, and Abimelech REGAINED CONTROL of Shechem.

```
J U D G E S T C O N C O C T E D
O M A M G S I H E C O N T R O L
F I W L U B E Z E B K B S M F K
S S K A R M Y R E C I F F O A X
H L T C G E U D V O I K N S B Q
E E W N A G L O E A F T W D I P
C D H N A B A U T L N E Y E M B
H E O D A T E T R N L T S R E R
E N W G U L I K T L A A G E L D
M I A O F S P B A A W L C T E J
F A R A L O U S A T C Z P N C K
R G N D P L R R I H Q K R E H F
O E E E Y H A C P H N U I K B P
M R D D C Z K H E E T I I N N S
A B I M E L E C H S R U L E G N
```

Zedekiah

MATTANIAH, UNCLE to THE KING of Babylon, was RENAMED Zedekiah and CROWNED KING OF Judah when HE WAS ONLY TWENTY-ONE YEARS OLD. His REIGN lasted ELEVEN years. APPOINTED a VASSAL king to NEBUCHADNEZZAR, he PRACTICED IDOLATRY, and did not OBEY GOD. The PROPHET JEREMIAH predicted that GOD WOULD allow BABYLON to DESTROY JERUSALEM to PUNISH Zedekiah. ZEDEKIAH rose up with EGYPT in REVOLT AGAINST Babylon and LOST. CAPTURED while FLEEING, his CHILDREN were killed, BEFORE Zedekiah was BLINDED and IMPRISONED for the REST of his LIFE.

```
N E B U C H A D N E Z Z A R R P P
S L P R A C T I C E D E L I R S U
R E V O L T F C B A B Y L O N T N
J V E D Q L A O J D G L P C S T I
F E N E E P B P E B H H I N N T S
Y N R E T E C N T H E K I N G U H
N O I U Y T W E N T Y O N E D J Z
N N R G S O A I T L L L R E B E E
G E O T R A D P N S A X N M M R D
D D R C S O L O P S N O X A B E E
F L E D L E S E S O S I T G M M K
T O U A L A D A M I I T A A Y I I
E S T O W I V V R L A N N G N A A
G R E E W X H P N N I E T G A H H
Y A H R P D M C I H R F O E I V P
P E P H X I O A E R O F E B D E L
T Y W Z Q M H G D O M I E K N J R
```

Sibling Rivalry

The BIBLE is
full of STORIES
about BROTHERS
who COME INTO
CONFLICT with
EACH OTHER.
The MOST FAMOUS
EXAMPLE is of
the first SIBLINGS,
CAIN AND Abel,
BECAUSE of Cain's
JEALOUSY over
the PREFERENTIAL
TREATMENT the
LORD gave Abel.
The TWINS
JACOB AND
ESAU fought over
their INHERITANCE.

ABSALOM took
REVENGE on
AMNON for
DEFILING their
half-sister, TAMAR.
JOSEPH, the
FAVORITE son of
JACOB, WAS sold
into SLAVERY
BY HIS brothers.
In JESUS'
PARABLE of the
PRODIGAL Son,
the ELDER son
who STAYED at home
BECOMES jealous
when HIS FATHER
kills the FATTED CALF
upon his YOUNGER
brother's RETURN.

```
P A B M E S N I W T H P E S O J R
R M S F L R S I B L I N G S R A E
E N U L B E C O M E S U A C E B V
F O O A A H T C I L F N O C H S E
E N M C R T N E M T A E R T T A N
R H A D A O D G Y D T L A D O L G
E F F E P R E N E X H B M N H O E
N Z T T S B Y F A Y E I A U C M C
T L S T O R I E S B R B T Q A I N
I Y O A J L A G I D O R P F E F A
A S M F I E S A W B O C A J X J T
L U U N B S L X Y R E V A L S N I
C O G S T Y E D E S O Q M J Q T R
R L R A E S H S E R E X A M P L E
Z A Y D A J O I I R E G N U O Y H
R E T U R N Z T S D N A N I A C N
D J J C O M E I N T O C X K R I I
```

BUT THE

GOD

OF ALL

GRACE,

WHO HATH

CALLED

US UNTO

HIS ETERNAL

GLORY BY

CHRIST

JESUS,

AFTER

THAT YE

HAVE

SUFFERED

a WHILE,

MAKE YOU

PERFECT,

STABLISH,

STRENGTHEN,

SETTLE

YOU. TO

HIM BE

GLORY AND

DOMINION

FOR EVER

AND EVER.

AMEN.

```
C C U X O W G A S A S W Y P N
T H Z N O I N I M O D C N U F
K H R J E S U S K H A E P R P
K U A I K M V Q I L H E E Z R
N D F T S Q A M L T R V S C F
F H W Q Y T B E G F E E H O S
E Y I P A E D N E D T G R T V
S G O S R F E C N T L E A H H
U L P U E R T A L O V B V L T
F O B U T T H E R E L V G A A
F R Y S S O E Y R I L R T A H
E Y G E T U A R S Z A I X K O
R B W O K N N H C F O H Q H
E Y I T D A S T E A O P J W W
D T T T A S M U O B L E T M Y
```

Colossians 4:1-3

MASTERS,

GIVE unto

YOUR

SERVANTS

THAT WHICH is

JUST and

EQUAL;

KNOWING

THAT YE

also HAVE

a MASTER IN

HEAVEN.

CONTINUE in

PRAYER and

WATCH

IN THE

SAME with

THANKSGIVING;

WITHAL

PRAYING also

FOR US,

THAT GOD

WOULD

OPEN unto

US A DOOR of

UTTERANCE, to

SPEAK the

MYSTERY of

CHRIST,

FOR WHICH

I AM ALSO in

BONDS....

```
N U T T E R A N C E O O Y U Z
U E G H V S A H C I H W R O F
M T V N A S D W Y D M T E N J
A B S A I T E N F A E R T T T
S P B I E W W R O O D A S U H
T L R G R H O H V B R U Y Q A
E Q U A L H C N I A J U M T N
R F G N Y T C T K C N T S M K
S E E I A E H L I A H T A G S
I P M W V A R A A A E S S N G
O I J A T E M U T H T P I I I
N L H G S A Q Y O E T N S Y V
H W O U L D E M R Y T I N A I
N D T S Q M N I X H Y J W R N
W C O N T I N U E A T Q C P G
```

Psalm 40:7-9

THEN	LAW IS
SAID I,	WITHIN
Lo, I COME	MY HEART.
in the VOLUME	I HAVE
OF THE	PREACHED
BOOK	RIGHTEOUSNESS
IT IS	IN THE GREAT
WRITTEN	CONGREGATION:
OF ME,	Lo, I have NOT
I DELIGHT	REFRAINED
TO DO THY	MY LIPS,
WILL, O	O LORD,
MY GOD:	THOU
YEA, THY	KNOWEST.

```
N U U S A J B V V U F Y W B S
W I L L O E I F H D H N J L S
Q O H Q B I P C S T O T S I E
R A F T K A Q U O I K R T Y N
B G T M I N A D T M E I R E S
Y O T U E W O A O F E I A N U
N H O H M T G W R G N S E X O
Z H T K G E D A E T Y T H T E
T M E A R I I D H S T M Y P T
M N S G E N L E I I T O M B H
H Y N I E Y G E R H L Y O U G
G O L D W R U W D O A F D G I
C X R I E A L B R I T V P I R
D S I A P T L D E H C A E R P
P M T S J S S Y E M U L O V D
```

Biblical Architecture

ARCH	MORTAR
BASALT	MUDBRICK
BEAMS	OAK
CEDAR	PALACE
CHAMBERS	PILLARS
COLUMNS	PINE
CUBITS	PLANS
DESIGN	PLASTER
FORMS	POPLAR
FORTRESS	RAMPART
FOUNDATION	ROOF
GATES	ROOMS
HALLS	STRAW
HEIGHT	TEMPLE
JUNIPER	TIMBER
LENGTH	TOWER
LIMESTONE	WALLS
MASONRY	WIDTH

T U P T S Z B B W S J H E T P
S N M U L O C A E D E A L R L
N P J X V A L M R A X L P A A
O I U A F L S A O C M L M P S
I L N M S O D A M R H S E M T
T L I U D E R H B E T N T A E
A A P D C Z Q T I Y I A E R R
D R E B M I T G R P F O R M S
N S R R S U H N S E R E W O T
U C P I E T O E T V S M I D S
O U O C T S C L R K O S D E M
F B P K A P A L A C E N T S O
O I L M G P B O W K G A H I O
O T A E N O T S E M I L N G R
R S R E B M A H C B N P Z N Z

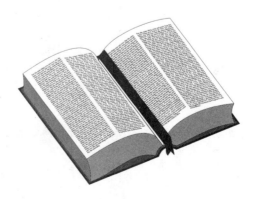

Bethlehem

BENJAMIN	JUDEA
CARAVANS	MAGIS
CAVES	MARY
CHURCHES	MICAH
CITY OF DAVID	NAOMI
EPHRAT	NATIVITY
FARMS	PHILISTINES
GENESIS	PILLAR
GRAZING	RACHEL'S TOMB
HEROD	RUTH
HOUSE OF LAHMU	SAMUEL
JACOB	SHEPHERDS
JEREMIAH	STABLE
JESUS	TAX CENSUS
JOSEPH	TERRACES
JUDAH	VINEYARDS

```
J Y Y P C H A I M E R E J S U
U W S U P C F T E R R A C E S
D W I E S V A S J A C O B N D
E D S S N I R E Y V R S M I I
A O E D A N M H T T A U O T V
J R N R V E S C I V L S T S A
G E E E A Y E R V U L N S I D
T H G H R A V U I I I E L L F
M A L P A R A H T M P C E I O
A C R E C D C C A O Y X H H Y
G I J H U S U J N A Q A C P T
I M T S P M N J N N Y T A S I
S U S E J E A F W T W R R L C
R S T A B L E S G N I Z A R G
U M H A L F O E S U O H T M E
```

OUT OF

the MOUTH

OF THE

most HIGH

PROCEEDETH

not EVIL

and GOOD?

WHEREFORE

DOTH a

LIVING man

COMPLAIN, a

MAN FOR THE

PUNISHMENT

OF HIS

SINS?

LET US

SEARCH

AND TRY

our WAYS,

and TURN

AGAIN

TO THE LORD. Let

us LIFT

UP OUR

HEART

WITH our

HANDS

UNTO

GOD

IN THE

HEAVENS.

```
E H T R O F N A M T F Z O G I
R L B O E C O H O H S U T E L
O J I R F T K T J H T H Q T E
F W V V N H H S T O G U F N O
E W L U I E I E F M A I O E J
R V E V L N D S S G L H H M X
E K I O S E G Y A P Z N Z H J
H U R L E D A I Y I G F E S E
W D T C W W N J H R F H H I B
C F O U L I E A S E T E H N Z
J R M T R O T E H F A D J U P
P G T U H N A H O V F R N P X
R Q O U X R U T E Y C Y T A G
K P Y O C S D N I A L P M O C
U N S H D B S I I A B O D P T
```

Nehemiah 8:10-11

THEN HE

SAID unto

THEM, GO

YOUR WAY,

EAT THE

FAT, AND

DRINK the

SWEET, and

SEND

PORTIONS

UNTO THEM

for WHOM

NOTHING is

PREPARED:

FOR THIS

DAY IS holy

UNTO OUR

Lord: NEITHER

be ye SORRY;

for THE JOY

of THE LORD

IS YOUR

STRENGTH.

SO THE

LEVITES

STILLED all

the PEOPLE,

SAYING,

HOLD your

PEACE, for

THE DAY is

HOLY; neither

be ye GRIEVED.

E T H O Y G T D E V E I R G A
N H O Q N R E H R E L P O E P
T E T I Y R R U E W H S H A A
J D Y T A A O O H J E T D D C
O A G P A O W O S N O R Q A H
S Y E J T E M R D S I Y T Y L
M R Y N S R E F U N H N F I S
P U U W U H H O K O A O G S T
S U E O N T T R T I Y T L S I
E E Y E P G O T H T M H A Y L
T S H E P N T H E R C I O F L
I T A V L E N I M O D N O L E
V C Q S K R U S G P K G N R D
E Q O S G T D R O L E H T S E
L R G Z P S Q R E H T I E N Y

EUTYCHUS,

whose NAME

IRONICALLY means

"FORTUNATE,"

was SOMETHING

of a KLUTZ.

ACCORDING to the

Book of ACTS,

this YOUNG

MAN OF

TROAS was

SITTING in a window

LISTENING to

the APOSTLE

Paul PREACH

THREE stories

BELOW when he

FELL ASLEEP,

FALLING off the

window LEDGE

to his DEATH.

But PAUL

RUSHED over to him,

THREW his arms

AROUND the young

man, and REVIVED

him.

```
G U D A G P E E L S A L L E F
N A M E I N W N F S O Q E A D
I C A T V R I I A A K R A A D
H C N A P I O N T L L V S Y M
T O O N M E V N E H E L U Z D
E R F U E L B E I T R D I J T
M D J T K E U E R C S E G N G
O I A R L E C S G T A I W E G
S N C O U S T E A X B L L U N
L G W F T S L M U O P I L T I
C X E C Z T H L F R R H H Y T
E X A P S F A E E R H T O C T
F A R O U N D A D P A U L H I
U K P E H B C M E E N C A U S
K A J V L H H Z D G I G R S Z
```

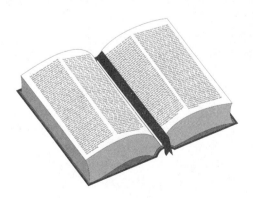

Tabitha's Miracle

TABITHA, a

a DISCIPLE

from JOPPA,

was a VIRTUOUS

WOMAN known

for her CHARITY.

She DIED

from ILLNESS,

and her FRIENDS

CALLED for

PETER to

COME at once.

WHEN THEY

ARRIVED,

Peter SENT

everyone ELSE OUT

from the ROOM,

and GOT DOWN

on his KNEES

to PRAY.

He TURNED to

the DEAD woman

and TOLD HER

to GET UP.

Tabitha OPENED

her EYES AND

SAT UP. Peter

called EVERYONE

BACK and

SHOWED them

she was ALIVE.

```
K W V F W D T N O P E N E D X
L Y J D H R S H K C T N E S R
C A L L E D E V I R R A L O I
E R A T N I I N W O D T O G L
P P E E T K D C O Q O M Y V L
K P I D H S I R J Y M E I F N
C R L B E S A Q E X R C O M E
F E L S Y W E T D L J E B B S
D Y D I U O O I U O S A V G S
E E A Z T O S H P P C E N E S
N S C L C C U P S K G Q O D P
R A H T I B A T N K W C R U U
U N M P F V W E R E H D L O T
T D L O F D E Y T I R A H C E
S E U X W S H Q P G V U D C G
```

Galatians 1 Words

ACCORDING	HEAVEN
ADVANCED	MANNER
ANGEL	MEASURE
ARABIA	MINE
BEYOND	PEACE
BLOOD	PERSECUTED
CHURCHES	PLEASURE
CONFERRED	QUICKLY
COUNTRYMEN	REGIONS
EVIL	STRIVING
FLESH	THROUGH
GOSPEL	TRADITIONS
GRACE	VISIT
HAVOC	WOMB
HEARD	WORLD
	ZEALOUS

```
L N E M Y R T N U O C B P W E
Z E A L O U S H R O E E O Y R
B K R I B R H N V Y R R P L U
T B H V E G E A O S L B V K S
R J M E U V H N E D R F C C A
A N D O A P D C N A L H C I E
D K R E W R U S D A U E B U L
I H H C F T D V N R M A G Q P
T E C A E P A C C O R D I N G
I H B D B N S H V A I M O O A
O S S L C X E M G I E G S I D
N U O E N S I S R R S P E P N
S O D V L N T V A G E I Y R J
D E R R E F N O C L J N T Y N
G N I V I R T S E R U S A E M
```

Puzzle 90: "A" Men

ANAIAH	ARBA
ANAK	ARDON
ANANI	ARELI
ANATH	ARETAS
ANDREW	ARGOB
ANER	ARIDAI
ANIAM	ARIEH
ANNAS	ARIEL
ANUB	ARIOCH
APELLES	ARISAI
APHIAH	ARMONI
APHSES	ARNAN
APOLLOS	AROD
APPAIM	ARTAXERXES
AQUILA	ARTEMAS
ARAD	ARZA
ARAH	ASAHEL
ARAM	ASAPH
ARAN	ASATAH

```
A A A X Y F A N A N I A O A A
B R R R A B L N M P N W L R R
T A O N B R M Z S A E W T T I
S H O D A A Z H I R R L D A O
E S U K I N A A D S B A L X C
H T A N A I H N E H R A G E H
M N A A H H A S P A R G H R S
A I R P E V H A O I A A O X A
A A A I Z P S H S L T R Q E Q
N Y R P A A B A G A L J I S U
E A A D P A I U S I H O T E I
R H R E R A Y A N K L E P W L
T T D G V A R I D A I E L A A
I N O M R A H S A M E T R A E
U B N A R E T A S A N N A A Q
```

MARY,

MARTHA, and

LAZARUS WERE

SIBLINGS who

LIVED at

BETHANY and

were FRIENDS

of JESUS.

Mary OFTEN

LISTENED to

Jesus SPEAK

WHILE Martha

did CHORES.

WHEN LAZARUS

BECAME ILL,

the SISTERS

SENT WORD to

Jesus, ENTREATING

him TO COME.

BY THE TIME

Jesus ARRIVED,

Lazarus HAD DIED.

Jesus WEPT

at his TOMB,

PRAYED to

THE LORD,

then BID

the WOMEN

ROLL AWAY

the STONE.

He CALLED to

Lazarus to COME OUT,

and Lazarus AROSE

from the GRAVE

and CAME OUT

TO THEM.

```
L I S T E N E D S A M E H T O T
N J R P U M R B N V A E S C F E
X E M O C O T E S O R A E M T B
B S C A L L E D J E T W R T E Y
E U J E G L E M W Y H F O T N A
N S H R K Y A S A E A M H A T E
T T A X A V U W N C B A C L S M
R V S R M R S L A L N V N L S I
E W P I A G A T H Y M A E I E T
A F E Z S Z B R O A W Y M E N E
T D A P A T Q F R N D Y O M T H
I L K R T T E Y W I E D W A W T
N Z U B F W A R F H V G I C O Y
G S I B L I N G S F I E S E R B
L D M K W U G L B K L L D B D L
C O M E O U T G Y F R I E N D S
```

ARISE

AVERSE

AWAY

BEHOLD

BREAKER

CAST

CORD

DEVISE

DOINGS

ENEMY

FIELDS

GATE

GATHER

GLORY

GOOD

HOUSES

KING

LIGHT

MORNING

NECKS

NEITHER

NOISE

POWER

PRACTICE

PROPHESY

REMNANT

REMOVE

RISEN

ROBE

SHAME

SHEEP

SPIRO

SURELY

TAKEN

THEREFORE

UPRIGHTLY

UTTERLY

WORDS

WORK

```
E T A G W S K C E N P P D S N
K Y H A W A Y T T E G P E S E
O I L E D O A J E H O S V U I
R P N R R K R H C W U W I R T
I M G G E E S K E O Y O S E H
P N O N B T F R H R R R E L E
S O M F I G T O N O O D S Y R
D I Y M E N A U R B L S M L E
D S T S A C R T S E G E V T K
L E G E E A I O H H N V S H A
O I R N S H V T M E A O D G E
H B G I I I P E C X R M L I R
E Q N H S O R O R A J E E R B
B Y N W T E D A R S R R I P S
O R E M N A N T L P E P F U T
```

YET I will

REJOICE

IN THE

LORD, I WILL

JOY IN

THE GOD

OF MY

SALVATION.

THE LORD

GOD IS

my STRENGTH,

AND HE

WILL MAKE

MY FEET

LIKE

HINDS'

FEET, AND

HE WILL

MAKE ME

TO WALK

UPON

MINE

HIGH

PLACES.

TO THE

CHIEF

SINGER on

my STRINGED

INSTRUMENTS.

```
S E L O R D I W I L L M A K E
V H A V Y A C C M E N W Z L B
S D O Z K N S A O P E U I S I
K N T Y S D X T J E I K T F N
E A M I M J D T R N E R W E S
D F D S O R Y E T I E R J E T
O O D Y O E J H Y N N E B T R
G U I L Y O E L G O E G Z A U
E N E I I U E T P I H N E N M
H H U C Z Q H U O T H I I D E
T S E C A L P G W A E S N M N
X Z E H T O T N B V Q E L D T
A Y T I G H E W I L L V F F S
M A K E M E I K L A W O T Y K
B J E F G Z W H W S K O A H M
```

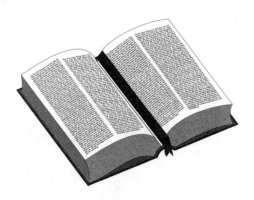

THEREFORE

with JOY

SHALL YE

DRAW water

OUT OF the

WELLS OF

SALVATION. And

IN THAT day

shall YE SAY,

PRAISE the

Lord, CALL

UPON his

name, DECLARE

his DOINGS

AMONG the

PEOPLE, make

MENTION that

HIS NAME

is EXALTED.

SING unto the

LORD; FOR

HE HATH done

EXCELLENT

THINGS: this

is KNOWN

in ALL THE

EARTH. Cry

OUT AND

SHOUT, thou

INHABITANT

of ZION: for

GREAT is the

HOLY one of

ISRAEL in

the MIDST

OF THEE.

```
N S U I S H A L L Y E S G L E
O G C P N M E N T I O N L E R
I N I T R T O T B U I S E A O
T I A N E A H L O S O G O R F
A O H E H L I A O U G H A S E
V D T L T A P S T R T R S I R
L E A L E B B O E Y D A E K E
A R H E C H F I E E H F N A H
S A E C W E T S T P H O O D T
T L H X K C A L G A W T L R S
S C G E Z Y A R L N N A F Y Y
D E N I J X U L T A I T R O L
I D O Y E P W A L H P H J D U
M N M F O S L L E W Q I T H I
O F A N H I S N A M E R R S B
```

Psalm 119:41-45

Let THY MERCIES

COME also

UNTO ME,

O LORD,

EVEN Thy

SALVATION,

ACCORDING

to Thy WORD.

So SHALL I

have WHEREWITH to

ANSWER him that

REPROACHETH me:

For I TRUST

IN THY word.

And TAKE NOT

the word of TRUTH

UTTERLY out of

MY MOUTH; for

I HAVE HOPED in

Thy JUDGMENTS.

So shall I KEEP

THY LAW

CONTINUALLY

FOREVER

AND EVER.

And I WILL

WALK at

LIBERTY, for

I SEEK thy

PRECEPTS.

```
Y R Z U R S S A L V A T I O N
L E H T I E B T O N E K A T I
L M V T A I V L T H Y L A W V
A O Z E U C O E T L C F I D D
U T R R N R C X D M I L H E U
N N E L D E T O L N L N S P M
I U W Y P M M I R M A T T O N
T K S T K Y S I S D P L N H D
N E N W M H Y Z Q E I H E E Y
O F A O A T D D C I E N M V N
C L U L R Y R E S U T K G A R
K T L E F O R E V E R R D H F
H I B F W P E E K I M O U I C
F I W H E R E W I T H O J S R
L H T E H C A O R P E R C B T
```

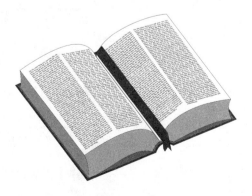

Ecclesiastes 2:25-26

FOR WHO CAN

EAT, OR WHO

ELSE CAN

HASTEN

HEREUNTO

MORE

THAN I?

FOR GOD

GIVETH TO

A MAN THAT

is GOOD

IN HIS

SIGHT

WISDOM, and

KNOWLEDGE,

AND JOY:

BUT TO

the SINNER

HE GIVETH

TRAVAIL,

to GATHER

AND TO

HEAP UP,

THAT HE

MAY GIVE

TO HIM

THAT IS good

BEFORE

GOD. THIS

ALSO is

VANITY and

VEXATION

of SPIRIT.

```
N O I T A X E V Z E M P Y E F
F E L I A V A R T G S O K L O
E O V V A N I T Y O J M R S R
P A R I G V T S B D T Q S E G
U S T W G O A E N T O H Y C O
P S P O H Y F A T H T O A A D
A H I I R O A M A I A H G N M
E L M N R W C M H S O N G O I
H K Q E N I H A T T W D D I D
T H A T H E T O N S I S B T S
X G A T H E R U A E I U O A O
H T E V I G E H M W T H L B L
B H L O D R T H A T I S N W V
O T H T E V I G O S O U A I W
Z N M H E G D E L W O N K H Q
```

Hezekiah's Prayer

"Lord, THE GOD

of ISRAEL,

ENTRHONED between

the CHERUBIM,

YOU ALONE are God

OVER ALL

THE KINGDOMS

of THE EARTH.

YOU HAVE made

HEAVEN and earth.

GIVE EAR, Lord,

AND HEAR;

OPEN your

EYES, Lord,

AND SEE;

LISTEN to

the WORDS

SENNACHERIB

HAS SENT

to RIDICULE

the LIVING GOD....

NOW, LORD our God,

DELIVER US from

HIS HAND, so that

all the KINGDOMS OF

the earth MAY KNOW

THAT YOU

ALONE, LORD,

ARE GOD."

— 2 KINGS 18:14-16, 19

```
L E N T R H O N E D G R M T L
A W E E I W L I J R D E M Q V
F I P S V W O E N O L A U O Y
O S O E D A R R A E E V I G S
S L G N E N E I D R O L W O N
M I W N L H A H C S S T K G L
O V D A I C H E R U B I M A L
D I M C V K Y A D R T H L L Y
G N A H E T M E S H I O A P O
N G Y E R H Y D A S N R K N U
I G K R U E O T H E E A R T H
K O N I S G Y A L V T N Q V A
E D O B E O N O O N S E T U V
H S W R U D R R I D I C U L E
T K A A N D H E A R L I X Y C
```

Cleopas

CLEOPAS was

one of the TWO MEN

who MET JESUS

on THE DAY of

his RESURRECTION

while they TRAVELLED

to the VILLAGE

of EMMAUS.

He and his UNNAMED

friend SPOKE with

Jesus, and INVITED

him in TO SUPPER,

but they DID NOT

RECOGNIZE him

UNTIL he

BROKE BREAD with

them and BLESSED

it. Then THEIR EYES

were OPENED, and

Jesus DISAPPEARED.

They RETURNED

IMMEDIATELY to

JERUSALEM to

REPORT the

RISEN LORD to

his DISCIPLES.

```
R E C O G N I Z E D W W D V B
I N V I T E D Y V O I M L P U
N N U Y O R B E T I B D Q E N
C F U V P L O W N R L E N S O
I H E H E U O P O R M L P O I
M I N S N M Y K E M U O A A T
M P S T E A E J A R K T F G C
E E I N D B S U S E J T E M E
D L J E R U S A L E M L U R R
I H H E R E P P U S O T N W R
A T A D R O L N E S I R N M U
T D G S E Y E R I E H T A O S
E D E L L E V A R T L S M N E
L R C D I S A P P E A R E D R
Y V D I S C I P L E S C D S N
```

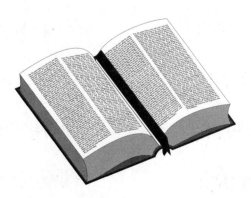

Puzzle 99: John 15:11-13

THESE

THINGS have

I SPOKEN

UNTO

YOU, THAT

MY JOY

MIGHT

REMAIN

IN YOU.

AND THAT

YOUR JOY

might BE FULL.

THIS IS my

COMMANDMENT,

THAT YE

LOVE ONE

ANOTHER, as I

HAVE LOVED

you. GREATER

LOVE HATH

NO MAN

THAN THIS,

THAT A MAN

LAY DOWN

HIS LIFE

FOR HIS

FRIENDS.

```
E V N W O D Y A L L H I L I U
I S P O K E N T E H E O F M F
G J L I M U S A R F V Z F O M
R F H O T A K W M E I H S Y J
E J Z T O J N I O A A L J Q G
A S K N N K R N B V T O S L T
T T E U T E E E E Y A O I A
E P H H M Y M L H O F V H Y H
R S G A T S O D J T E U O T T
T I I A N V I R N H O T L A D
M N H H E T U S A A H N H L N
E T P D R O H T I I M T A H A
N H O L Y O H I N H U M O F O
G Z V N N Y F G S O T K O F W
F R I E N D S P Y F F Y L C H
```

Puzzle 100: Exodus-Era Egypt

ABYDOS

AVERIS

BEERSHEBA

BYBLOS

CUSH

DAHAB

DAMASCUS

EASTERN Desert

EL-ARISH

EZION-Geber

GAZA

Ain HAWARAH

HAZOR

IREM

ISMALIA

JERUSALEM

JOPPA

KADESH

MEGIDDO

MEMPHIS

MIGDOL

NAPATA

NILE River

NUBIA

PETRA

PITHON

PUNT

RAPHIA

SAMARIA

SIDON

Abu SIMBEL

SINAI Peninsula

THEBES

TYRE

UGARIT

WESTERN Desert

ZOAN

```
U H U M J E R U S A L E M O V
R H S G G N I V H E Q N N A M
K A D E A O S A B W A R R I E
A W P O D R D M N P S T E L M
V A Z H O A I D A I E N T A P
E R D Z I S K T I P S U S M H
R A A W W A A K D G M P E S I
I H M A B E H S R E E B W I S
S W A E L A R I S H R M W N P
O W S L L S C N N G A Y O R I
D N C E O I O T J Z B I T E T
Y C U Z B D N L A O Z A I T H
B A S B I E G G B E P R H S O
A W R S I H H I I Y E P U A N
A I R A M A S T M M B C A E D
```

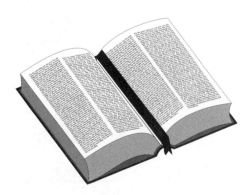

THE LORD hath

ACCOMPLISHED

his FURY;

HE HATH

POURED

OUT HIS

FIERCE

ANGER,

AND HATH

KINDLED

A FIRE

in ZION,

AND IT hath

DEVOURED the

FOUNDATIONS

THEREOF.

The KINGS

OF THE

EARTH, and

ALL THE

INHABITANTS of

the WORLD,

WOULD

not HAVE

BELIEVED

THAT THE

ADVERSARY

AND THE

ENEMY

SHOULD have

ENTERED

INTO THE

GATES of

JERUSALEM.

```
D E R U O P O M E L A S U R E J
E T G A A F C H N H E A Z A F T
H H S H A F T B T W G C W U H J
S F D F A D I A E P P O R E Z I
I S U E N V H R R L U Y R E N K
L I T A V D E J E L I E I T I E
P H K N N O R Y D G O E O X H F
M T B A A D U O R F N T V T P A
O U N H T T S R L A H A F E N O
C O W Z E H I G E E S O J D D W
C L I N T H A B N D H R I T O J
A O E R E T A T A I L T E R Y I
N M A D E Y Z T T H K U L V O U
Y E K S Z O U C H H N D O L D P
S D E L D N I K U F E I E H A A
Z I M N F O U N D A T I O N S W
```

SHEW

ME THY

WAYS,

O LORD;

TEACH ME

THY PATHS.

LEAD

ME IN

THY TRUTH,

AND TEACH

ME: FOR

THOU ART

THE GOD

OF MY

SALVATION;

ON THEE

DO I

WAIT

ALL THE

DAY.

REMEMBER, O

LORD, THY

TENDER

MERCIES

AND THY

LOVINGKINDNESSES;

FOR THEY

HAVE

BEEN

EVER

OF OLD.

```
S H T A P Y H T D N A H I F S
N H T A G E L H L O I W O K E
O I E I T H Y T R U T H D M S
I D E W D T A S E I C R E M S
T H W M T R C R C T J T A X E
A R C I A O O S Z A H B E E N
V M A A O F C V L Y E D B W D
L W T U E W H L Z V D Y H A N
A P N M O T T C E G L A X Y I
S T E R S H D R T A V X Y S K
R W O E E B T N E E D M A F G
M V F G H C G Z A D F V X W N
O L O R D T H Y C O N Q L Y I
J D L G T E N W H X Y E H S V
L X D U T I U O M V G Y T Q O
O O R E B M E M E R Z X M G L
```

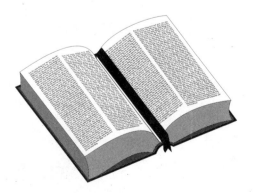

HEAR the

WORD OF

THE LORD,

YE THAT

TREMBLE at

HIS WORD;

Your BRETHREN

that HATED

YOU, THAT

CAST you

OUT FOR

my NAME'S

SAKE, said,

LET THE

LORD BE

GLORIFIED:

BUT HE

shall APPEAR

TO YOUR

JOY, AND

THEY

SHALL be

ASHAMED.

A VOICE

of NOISE

FROM THE

CITY, a

VOICE FROM

the TEMPLE,

a VOICE OF

the LORD THAT

RENDERETH

RECOMPENCE

TO HIS

ENEMIES.

W M U E D E I F I R O L G E V
E C I O V A W L S D D F Z C O
D N A Y O J O B R C T R T N I
E L B M E R T O R S A O A E C
M T H T D S W C A E H M H P E
A Y H B E S I K I P T T T M F
H Y E E I M E O T T E H D O R
S O C H L S P I N O Y E R C O
A U O A T O E L M S Y F O E M
H T W A S U R M E E S O L R N
A H O L P T B D A H N H U X O
T A R A E P P A T N T E A R V
E T D A R E N D E R E T H L P
D S O Y E I R O F T U O E Z L
M I F O D H V O I C E O F L P

Mark 10:43-45

BUT SO

SHALL IT

NOT BE

AMONG YOU;

BUT WHOSOEVER

WILL BE

GREAT among

YOU, SHALL

BE YOUR

MINISTER: AND

WHOSOEVER OF

YOU WILL

BE THE

CHIEFEST, shall

be SERVANT

OF ALL.

FOR EVEN

THE SON

OF MAN

CAME

NOT TO BE

MINISTERED

UNTO, but

TO MINISTER,

AND TO

GIVE

his LIFE

a RANSOM

FOR MANY.

```
R U O Y E B B R T O C N W C Y
S E R V A N T T S A K I V H W
N A V C L G X T M B L Z T I X
E E A E R Q U E R L A I T E O
V B D E O B L I B M I O F F W
E O A N B S T E O T M T L E H
R T F W A I O N T I O S L S O
O T A O L R G H N H I E I T S
F O U L R Y E I W O E N W M O
P N A U O M S T V T B S U O E
O H N U N T A O S E U A O S V
S T P H E A F N T I B B Y N E
O D D R M A M H Y W N T E A R
E W E N L Y E F M O H I O R O
K D L L A H S U O Y V T M N F
```

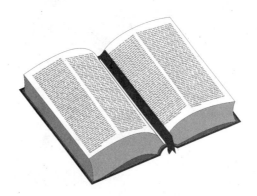

K & L Folks

KADMIEL	LAHAD
KALLAI	LAHMI
KEDAR	LAISH
KEDEMAH	LAMECH
KELITA	LAPPIDOTH
KEMUEL	LAZARUS
KENAZ	LEAH
KEZIA	LEMUEL
KISH	LEVI
KOHATH	LIBNI
KOLAIAH	LIKHI
KORAH	LINUS
KORE	LOIS
KUSHAIAH	LOTAN
LAADAH	LUCIUS
LAADAN	LUKE
LABAN	LYDIA
LAEL	LYSANIAS

```
A L L U C I U S K L C S G M H
Z E E I M H A L I E Y U D S X
P I U I V E L L K O N R I Y I
T M M P N E H E L A L A M V H
W D E D U B D I D A L Z Z J K
G A L M K E I A K D K A J O I
L K E L M C A L J O L L L Z L
E K K A Y L K K Q A H A L X H
A Y H E S D E E P A I A O D A
H M C F Z L I P D A N L T A I
A K E V I I I A H A I E A H A
R I M T K D A L B N R A N A H
O S A V O L U A U J B L F L S
K H L T R K L S B N L W V N U
C K H Q E S A I N A S Y L P K
```

AND THOU

DIDST

DIVIDE

THE SEA

BEFORE

THEM, SO

THAT they

WENT

THROUGH

the MIDST

OF THE

SEA ON

THE DRY

LAND; and

THEIR

PERSECUTORS

thou THREWEST

INTO THE

DEEPS, as

a STONE into

the MIGHTY

WATERS.

MOREOVER

thou LEDDEST

THEM IN

THE DAY by

a CLOUDY

PILLAR; AND

IN THE

NIGHT by

PILLAR OF

FIRE, to

GIVE them

LIGHT in

THE WAY

WHEREIN they

SHOULD GO.

```
M O R E O V E R O F E B S O Y
P E R S E C U T O R S R S D A
N I G H T A H U T X E M I C W
F W Z P N G N Y H T E V A S E
T V T E I L I D A H I O P Y H
T S H L E L A W T D E E D I T
T H E I R V L N E H E U W H F
T O M W A L I A D D O H G S O
H U I D E M E G R L N U T Y R
E L N V I R I D C A O O I M A
S D T E B D H G D R N P I K L
E G O R T S S T H E P D V K L
A O T T A N D T P T S J F K I
O N H Y R D E H T T Y T R A P
N I E R E H W W I K X M H T T
```

Puzzle 107: Six Days of Creation

DARKNESS,

LIGHT,

WATERS,

FIRMAMENT,

HEAVEN,

LAND, earth,

SEAS,

GRASS,

FRUIT TREE,

SEEDS,

THE DAY,

LIVING

CREATURES,

CREEPING

THINGS,

BEASTS,

STARS,

WINGED

FOWL,

WHALES,

CATTLE,

and MAN IN

HIS IMAGE

TO HAVE

DOMINION

OVER

FISH

AND ALL

the EARTH.

SO, GOD

CREATED

and BLESSED

BOTH male

and FEMALE.

```
B N F F I J F Q M W B G O A B
L E I A F R U I T T R E E O F
E V R D W E S H S A O G T A P
S A M I L T G H S H S H X R D
S E A A S I A S G T S T A M R
E H M A L C S N M N S L A V L
D E E A A W I S D D I N W R E
F B N T I P A O E A I V M O S
L S T N E E G E H N L H I X F
R L G E S O S T J H K L E L S
E E R N S C R E A T U R E S R
D C V P I A E H I S I M A G E
K N S O E H C C R E A T E D T
W H A L E S T P T H E D A Y A
W V D L I D O M I N I O N I W
```

Regarding Titus

The LETTER

of the APOSTLE

PAUL to

TITUS, who

was in CRETE,

GAVE HIM some

GUIDELINES for

APPOINTING

ELDERS in the

CHURCH there,

ENCOURAGING him

to REBUKE those

who did WRONG,

to TEACH

PEOPLE to

DO GOOD for

the SAKE of

the GOSPEL,

and to PROMOTE

UNITY and

PROTECT the

CONGREGATION

AGAINST

DIVISIVENESS.

```
J E G O S P E L S S N P W O E
G K L K A G A I N S T P G B T
Z E C T H L C Z E E S B R Z O
G R L A S T D D X N G G E G M
N O P P O O I P C E N P B G O
I W A X O G P T H V I O U A R
T M T G N E C A U I G J K V P
N E O O R E P X R S A K E E O
I D R E T T E L C I R B I H C
O W D O Y E W W H V U E S I H
P G R T N R P E X I O M D M C
P P I X Z C J X D D C Y B L A
A N O I T A G E R G N O C A E
U A G U I D E L I N E S C P T
L B H Y G Z F J K E I K B N E
```

Revelation 14:6-7

And I SAW

ANOTHER

ANGEL

FLY in the

MIDST of

HEAVEN,

HAVING the

EVERLASTING

GOSPEL to

PREACH

UNTO them

that DWELL

ON THE

EARTH, AND

to EVERY

NATION, and

KINDRED, and

TONGUE, and

PEOPLE,

SAYING with

a LOUD

VOICE

FEAR God,

and GIVE

GLORY to

HIM; FOR

the HOUR of

his JUDGMENT

is COME:

And WORSHIP

him THAT

MADE heaven,

AND EARTH,

and THE SEA,

and the FOUNTAINS

of WATERS.

G A N G E L N S A E V E R Y F
N D H Q K H O T O N G U E R D
I N T C R I T T J W O J Y O X
T A H O A L N N N H A T O L R
S H E H E E C D O U N S H G F
A T A W F P R O R E R T I E G
L R V L V S W P M E G O H F R
R A E V D O F G T E D I O A A
E E N C R G D A E G M U V N T
V B D S I U W S N F N P D E N
E V H A J O A I O T E E M O D
H I U L M Y V R A O A I I W N
P R O F I A B I P R D T E R S
Q U W N H C N L T S A L Y A X
D S G A E S E H T N L H V A W

ACCESS	LACE
ACES	LEASES
ASCETIC	LESSEE
CASTLE	LIES
CASTS	SATES
CATS	SCALE
CEASE	SCAT
CELTIC	SEAT
CLASSES	SECT
CLEATS	SELECT
EASEL	SIESTA
EASIEST	SITE
ELITE	SLEET
ELSE	SLICE
ISLES	TASSEL
ISLET	TEASE

```
L A T S E I S F V N G J D G G
L P F E P I L C L A S S E S G
E I Y E G C A S T L E C A L K
T S E S S E C T H L I T V R T
S E A S I H D M N T Q K I N M
E T C E L E S T E E L S T L A
I A Z L C T A C Y N S A A S E
S S C W A C S S T A C T I E L
A E O E E A E Z B S S U Z S O
E B L S L L A N E S S C N A E
L C E S E T T V E L T P A E S
Z E L S I G I C I E S M Q L A
A W S S B M C C L I Z L D E E
J A E A F A E S T S A C H B T
T Z Y M E D I E B F I C N P X
```

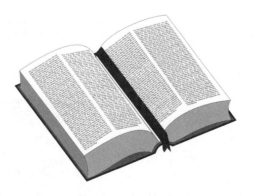

Biblical Jerusalem

AQUEDUCT

CALVARY

CAPITAL

Apostolic COUNCIL

COURT of the Gentiles

Ark of the COVENANT

City of DAVID

Gate of EPHRAIM

FISH GATE

FOUNTAINS

King HEROD

HILLS

HINNOM Valley

HOLY city

Victories of JOSHUA

KIDRON Valley

KING'S Garden

MARKET

Mount of OLIVES

OPHEL Knoll

PALACE

PALESTINE

SENATE

SHEEP Gate

SILOAM Channel

Temple of SOLOMON

SPRINGS

SULTAN'S Pool

Destroyed by TITUS

TOMBS

TOWERS

TRADE

UPPER City

VALLEY Gate

WALLS

WARM climate

WARS

Mount ZION

```
E T A G H S I F E T A N E S P
D S H I N N O M E T M E W U A
A X N M W F O K S Q O A B P L
R C R A Z C R I M O R W M P A
T A L X T A O T Z S L A E E C
W L A A M L O V U Y O O N R E
S V T U Q M U T E L L I M C S
S A I H B U I S I N T O W O G
O R P S S T E S G S A E H U N
L Y A O H O C D E N P N K N I
I R C J E L C L U H I I T C R
V A L L E Y A O R C D K P I P
E H U H P P M A U R T G M L S
S B P D A V I D O R H I L L S
D O R E H M S N I A T N U O F
```

Ephesians 4:16-19

So I TELL YOU

this and INSIST

ON IT IN

THE LORD, that you

must no LONGER

LIVE as the

GENTILES do, in the

FUTILITY of their

THINKING. They are

DARKENED in their

UNDERSTANDING

and SEPARATED

FROM THE

LIFE OF GOD

BECAUSE of the

IGNORANCE that is in

them DUE TO the

HARDENING of

their HEARTS.

HAVING lost all

SENSITIVITY, they

have GIVEN

THEMSELVES over to

SENSUALITY.

```
I O G N I D N A T S R E D N U
O N L P T H O G K V Y T G R K
R Z S I Z I G N O R A N C E I
R N L I V D E N E K R A D C I
V T Q G S E N S I T I V I T Y
Y C O N I T I N E V I G E H S
T T N N D A H Z D A A L G E S
I H D O G F O E F I L H N M E
L I E U E T L R A Y L S I S P
I N J L E S O O O R U W N E A
T K C U O M U U N A T L E L R
U I D V T R H A L G D S D V A
F N U H S A D I C N E T R E T
A G E G E N T I L E S R A S E
F N A Y J Y F J I Y B A H D D
```

Titus 2:13-15

LOOKING for

that BLESSED

HOPE, AND

the GLORIOUS

APPEARING

OF THE

GREAT God

AND OUR

SAVIOR

JESUS Christ;

Who GAVE

HIMSELF for

US, THAT

he MIGHT

REDEEM

US FROM

all INIQUITY,

and PURIFY

UNTO himself

a PECULIAR

PEOPLE,

ZEALOUS of

GOOD WORKS.

These THINGS

SPEAK, and

EXHORT, and

REBUKE with all

AUTHORITY.

LET NO man

DESPISE

THEE.

```
I N H R P N K F S T F I S P H
C H A P X I G J E X R U W I Y
Y G D E S S E L B H S O Q X E
T O R O I V A S O E T A H Z T
I O A P T R W P J R N F E X A
R D I L H G E Y O D I A O I E
O W L E I A A D O R L O S V R
H O U V N V T U E O K Y U U G
T R C D G E R B U E T E H S N
U K E T S U U S Y I M S I F I
A S P E A K T F U O M I M R K
T P V X E H I Q T I W P S O O
A P P E A R I N G J N S E M O
G K H T U N U H O N T E L Z L
I T K P I G T A O Q G D F X H
```

BLESS THEM

WHICH

PERSECUTE

YOU: BLESS,

and CURSE

NOT. REJOICE

WITH THEM

THAT DO

REJOICE, AND

WEEP WITH

THEM THAT

WEEP. BE OF

the SAME

MIND ONE

TOWARD

ANOTHER.

MIND NOT

HIGH

THINGS,

BUT

CONDESCEND

TO MEN

OF LOW

ESTATE.

BE NOT

WISE IN

YOUR OWN

CONCEITS.

```
M O B O O D N E C S E D N O C
L J I J H J H J K V A O P F Q
N R Y O U B L E S S T H E M Z
P E R S E C U T E R T X O X B
S H W I T H T H E M T H A T H
W T Z A J R E J O I C E A N D
W O I N M C O D T A H T B I R
E N L E M I N D O N E U D E A
E A Z F C O N L T T T D C S W
P M Z E O N W D A T R M U I O
B T A H C H O T N G O F R W T
E N F S I C S C X O H N S B O
O F J C W E E P W I T H E K M
F T H I N G S N G H U K V B E
W T P I K G I H Y O U R O W N
```

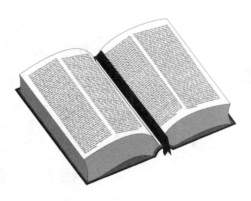

2 Samuel 11:1-3

AND IT
CAME TO pass,
AFTER the year
was **EXPIRED**,
at the **TIME** when
KINGS
go **FORTH**
to **BATTLE**,
that **DAVID**
sent **JOAB**,
and his **SERVANTS**
WITH HIM,
and all **ISRAEL**:
and they **DESTROYED**
the **CHILDREN**
of **AMMON**,
and **BESIEGED**
RABBAH.
But David **TARRIED** still
at **JERUSALEM**.

David **ROSE** from
off his **BED**,
and **WALKED** upon
the **ROOF** of the king's
HOUSE:
he saw a **WOMAN**
WASHING herself;
and the woman was
very **BEAUTIFUL**
to **LOOK** upon.
And David **SENT** and
INQUIRED after the
woman.
And **ONE SAID**,
IS NOT this
BATHSHEBA,
the **DAUGHTER**
of **ELIAM**,
the **WIFE** of
URIAH
the **HITTITE**?

```
E J S E R V A N T S C P A C W T
Q B P C C H I L D R E N E A N V
I L A S C P W A S H I N G M F A
S E R T G A R E H E T I T T I H
N A E A H N M E L A S U R E J T
O R T F M S I E T T B O B K D U
T S H S I M H K T F T B R L A T
I I G N X W O E R O A A A R T D
D Z U W O M A N B A Y H B R E Q
N L A L U F I T U A E B T B K J
A D D A T W I T H H I M Y R O F
E A D E Y O R T S E D H E A O H
L V D Z W A L K E D P A B O L F
I I I N Q U I R E D E I R R A T
A D E G E I S E B D E R I P X E
M A O N E S A I D E S U O H X H
```

And SHE SAID,

BEHOLD, thy

sister IN LAW

is GONE BACK

unto HER PEOPLE,

and unto HER GODS:

return THOU

AFTER THY

SISTER in law.

And RUTH SAID,

INTREAT ME

NOT TO

LEAVE THEE,

or to RETURN

FROM

FOLLOWING

AFTER THEE:

for WHITHER

thou GOEST,

I WILL GO;

and WHERE

thou LODGEST,

I WILL LODGE:

THY PEOPLE

SHALL BE

MY PEOPLE, and

THY GOD

MY GOD.

```
G E M T A E R T N I L L Y T P
N M Y P E O P L E R K N H Z Z
I Y S E D I P G X V U Y T R V
W A L N I Y S L S L P T R H P
O V F R E H F I U E L M E E W
L S N T E B S W O A J K T R H
L I H S E T L P H V I C F P I
O W A X E R L L T E F A A E T
F I W R B E T X A T R B M O H
D L O H E B S H E H W E L P E
O L M X G S E N E E S N N L R
G G S O M Y G O D E X O J E G
Y O E C R V D C J T T G M I O
H S B W O F O R U T H S A I D
T N I W I L L L O D G E S Y S
```

Abigail

ABIGAIL was

MARRIED to

a WEALTHY man

named NABAL.

She was INTELLIGENT

and BEAUTIFUL,

while her HUSBAND

was SURLY and

UNWELCOMING.

When DAVID

REQUESTED food

for his SOLDIERS,

who HAD BEEN

PROTECTING Nabal's

LANDS, the

UNGRATEFUL man

TURNED him

AWAY. Abigail

APOLOGIZED for

her FOOLISH

husband, BRINGING

David GIFTS

of BREAD,

WINE, dressed

SHEEP, roasted

GRAIN, cakes of

RAISINS and

pressed FIGS.

After a SHORT

time, THE LORD

STRUCK Nabal

DOWN, and

Abigail BECAME

David's WIFE.

```
T H E L O R D D N A B S U H O
P U C S A R E I D E I R R A M
I N I T G N A Q A Z E Z T C Q
L G S R R R D U U L H N W O D
G R S U G O T S G E E A S D B
N A T C R I H Z F G S G H A E
I T Z K F L Y S I O I T E V C
M E C U F H Y L M F O Y E I A
O F L I T A L S E D Q L P D M
C U I L W E T Z Q N A W I F E
L L A A T F S O L D I E R S Z
E E G N I G N I R B B W R O H
W R I G N I T C E T O R P B J
N A B A L D E Z I G O L O P A
U H A D B E E N R A I S I N S
```

Ezekiel 34:24-25

AND I THE

LORD will

be THEIR

GOD, and

my SERVANT

DAVID a

PRINCE

AMONG

THEM; I the

Lord HAVE

SPOKEN

IT. AND

I WILL

MAKE them

a COVENANT

of PEACE, and

will CAUSE

the EVIL

BEASTS to

CEASE

OUT OF

THE LAND:

AND THEY

SHALL

DWELL

SAFELY

IN THE

WILDERNESS,

and SLEEP

in the WOODS.

```
K B Q E S Y P U A M O N G D Z
H C H T E E B L D E S U A C T
G W M N S V H F L O R D T T T
C I T A N D I T H E G G O O J
O B E V H S R L N L W E G O F
I C M R L Z I H L I Q D E S W
S A F E L Y E A N D T H E Y Q
J Q E S I U H V R N N C S I S
J P B I W S T E A G N T F T P
Z R N M I N D N Z I S C H N O
T R A M D S E P R A V E I X K
T K E I Q V M P E Y L W U M E
E H V H O V C B A A J M M P N
T A I C I W Z I N A C B B K W
D S Q X W I L D E R N E S S G
```

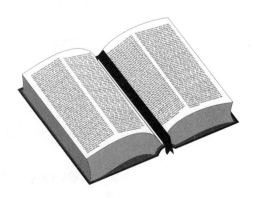

And WHEN he

had GATHERED

all the CHIEF

PRIESTS and

SCRIBES of

the PEOPLE

TOGETHER,

he DEMANDED

of them WHERE

CHRIST should

BE BORN. And

THEY SAID

UNTO him,

In BETHLEHEM

of JUDAEA:

for THUS it

is WRITTEN BY

THE PROPHET,

And THOU Bethlehem,

in THE LAND of

Juda, ART NOT

the LEAST

AMONG the

PRINCES

OF JUDA: for

OUT OF THEE

SHALL COME a

GOVERNOR, that

shall RULE my

people ISRAEL.

```
C W V P W R I T T E N B Y S L
S E S D R S H A L L C O M E O
G S E C N I R P D O R X A S A
O D J H R A E T A U C R T R Y
V E B U T I L S L D S H T R T
E D E B D F B E T I U N I T F
R N T E I A O E H S O J E E N
N A H B A T E T S T R H F D F
O M L O S U S A U E P R E O C
R E E R Y A N I H O P R E T N
S D H N E T D T R E E R Z I F
V Y E L H Q E P O H E L M B N
U H M O T G E P T H C I H O O
W K U X O H L A W F Q J C B H
H P Q T T E G N O M A G W I A
```

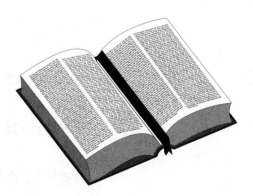

I WILL

PRAISE thee,

O LORD,

WITH my

WHOLE

HEART; I

will SHEW

FORTH

ALL THY

MARVELOUS

WORKS. I

will be GLAD

and REJOICE in

THEE: I will

SING praise

TO THY

NAME,

O THOU

MOST HIGH.

When MINE

ENEMIES

are TURNED

BACK,

THEY

SHALL

FALL and

PERISH at

thy PRESENCE.

```
G H N W J I Y R K H L G A Q M
W O O E K F L R L G S S G R Z
B I L W N C U L Y I L I D X T
W D T O E E A M A H E T R E P
W A Y H R H M B I F S E C E H
F L H R S D S I M N C N H G P
U T C B I T R A E H E A G T U
I K A L P P R A I S E N I O L
T W F M Q V K Z E C I Q H G I
W O I N E Y A R I S T T T Y W
O K T L E L P O I U O T S H K
R J O H L I J M R D G U O T W
K U T T Y E S N A M E L M R K
S N H B R B E L K V E T M O X
I Y P D D D G K B V F O J F X
```

John 15:6-7

IF A MAN

ABIDE NOT

IN ME, HE

IS CAST

FORTH as

a BRANCH,

AND IS

WITHERED;

AND MEN

GATHER

THEM,

AND CAST

them INTO

THE FIRE,

AND THEY

are BURNED.

IF YE ABIDE

IN ME, AND

my WORDS

ABIDE IN

YOU, YE

SHALL ASK

WHAT

YE WILL,

AND IT

SHALL BE

DONE

UNTO YOU.

HEREIN is

my FATHER

GLORIFIED,

THAT YE

BEAR much

FRUIT; SO

SHALL YE

BE MY

DISCIPLES.

```
N A Y L Y G U N E O S T I U R F
I Y N O Z I A N E B T T V Q E I
E N U D S I A T T R L N T B H F
R Y M C T M N N H O B L I W T Y
E M A E A H E M D E Y U A T A E
H S H F A M E D E C R O R H F A
T D I Y D N E Y O H A A U N S B
H R T N E R D H D N E S N I E I
V O A Y E W A E T Y E K T D B D
B W M H A B I O L L S E X R I E
Y E T E I F N L P A R A A V H S
B I A D I E A I L I N N T P C A
W M E R D H C L F D C O U A F S
W I O I S S A E I H E Y T A H T
N L B C I H H T R O F T S Y F W
G A P D S T F T F H J P K K G U
```

Puzzle 122: Pharaoh Tale

THOUGH not

MENTIONED by name

in EXODUS

(OR THE

REST

of THE OLD

TESTAMENT),

RAMESSES

II, KNOWN

AS "THE

GREAT" is

BELIEVED

BY MOST

BIBLICAL

SCHOLARS

TO BE

the PHARAOH of the

Exodus. He LIVED

from AROUND

1303 UNTIL

1237 BC. ELEVEN

pharaohs BORE

the NAME of

Ramesses. IT COMES

from the EGYPTIAN

SUN GOD Re,

OR RA,

MEANING

"SON

OF THE SUN."

```
T H O U G H X T X D L Q T C J
X S A R N O F T H E S U N L N
C D E R T T P O B V G S A T A
T A T R R H I C Y E N C I B C
T V J N A O E L A I I H T Y S
L S I R E L A M E L N O P M U
Y Y A I E M A N B E A L Y O N
P O R V K E A I I B E A G S G
H B E D C N B T N T M R E T O
A N W N E T O E S A C S O M D
M R O B H I X W S E S O O B V
E S O E B O D T N E T O M J X
U T O U D N H A M L L I V E D
H L Q U N E Y A I Y X B U A S
D Z S V I D R B B L A D B L L
```

Leviticus 21 Words

AARON	ISRAEL
ALTAR	LORD
ANOINTING	MOSES
APPROACH	MOTHER
BEARD	PROFANE
BLEMISH	SANCTIFY
BREAD	SANCTUARIES
BROTHER	SCURVY
CHIEF	SEED
CROWN	SHAVE
DAUGHTER	SISTER
FATHER	SPEAK
FIRE	TAKE
GARMENTS	THEREFORE
HATH	UNTO
HOLY	UPON
HUSBAND	VAIL
	WIFE

```
W A V Y D J E A T C A A R O N
H P T A Y F Q D N F H X A F S
U P E B I L U W D A D I I E E
S R G W C L O A P T J R E Z I
B O T U M R U H B H E D O F R
A A H C C G J R C E U K Z L A
N C E G H H E E B R A U A I U
D H R T Y N A H V L A R P T T
O W E D A L S T Q A E T D O C
A R F F E I Y O H D H M L V N
H W O A S V U M S W K S I A A
H R R T R S T N E M R A G S S
P S E U S A N C T I F Y E O H
I R C G N I T N I O N A U P K
B S B R O T H E R H M O S E S
```

BUT WILL

GOD IN

VERY deed

DWELL

WITH men

ON THE

EARTH?

BEHOLD,

HEAVEN AND

THE HEAVEN

OF HEAVENS

CANNOT

CONTAIN

THEE; HOW

MUCH

LESS this

HOUSE

WHICH I have

BUILT!

HAVE

RESPECT

THEREFORE

TO THE

PRAYER OF

thy SERVANT,

and TO HIS

SUPPLICATION,

O LORD

MY GOD, to

HEARKEN

UNTO the

CRY AND

THE PRAYER

WHICH THY

servant PRAYETH

BEFORE THEE...

```
U T B E F O R E T H E E R E H
H L L Y H T H C I H W E A O C
U E E I Y R E V T S Y R U C U
N S A S U P H N G A T S A D M
T U C V S B A S R H E N W H I
O P D E E V P Y S N E E P L
T P R N R N E G N O L O R D D
H L W E A H A E T L T A C N W
E I S H T Y V N I W Y O E O D
H C E N I A R W D E N K H M W
E A O B E C T C T T R E Y I T
A T B H G U H H A A E G T T S
V I F H B D D I E H O H R Q U
E O G O D I N H T D L O H E B
N N T H E R E F O R E Y A R P
```

If ye CONTINUE

IN THE

FAITH

GROUNDED

and SETTLED,

AND BE not

MOVED

AWAY from

the HOPE

OF THE

GOSPEL,

WHICH

ye HAVE

HEARD, and

which WAS

PREACHED

to EVERY

CREATURE

which is UNDER

HEAVEN;

WHEREOF

I PAUL am

MADE a

MINISTER; Who

now REJOICE

in my SUFFERINGS

FOR YOU,

and FILL UP

THAT which

is BEHIND OF

the AFFLICTIONS

of CHRIST in

my FLESH

FOR HIS

BODY'S

SAKE, which

is the CHURCH....

```
D K U V S H H C I H W C L I P
E I J A O E D C R E A T U R E
H S K P A U Y C L A Z C E D H
C E E R G R O U N D E D A G T
A F D T E N A Y M Y N M C S I
E I Z V T P R G R U A H H U A
R L E I I L X E R O R W E F F
P L N G E F E E J I F O A F O
I U S B O S T D S O F O V E D
E P D R A S Y T E T I M E R N
A N H H I F P D H V M C N I I
A I A N L P J E O A O W E N H
S V I E H T N I L B T M A G E
E M S N O I T C I L F F A S B
C H U R C H S Y W H E R E O F
```

Kings of Israel

JEHORAM:

SON OF

AHAB.

JEHU:

ASCENDED

AFTER

A WAR

WITH the

SYRIANS.

JEHOAHAZ:

REIGNED

SEVENTEEN

YEARS.

JEHOASH:

SUCCEEDED

FATHER Jehoahaz.

JEROBOAM II:

RULED for

FORTY-

ONE years.

ZECHARIAH and

SHALLUM:

LITTLE is

KNOWN

of EITHER.

MENAHEM:

DECADE

of CRUELTY

and OPPRESSION.

PEKAH:

ALLIED to

Syrian king REZIN.

HOSHEA:

LAST king

of ISRAEL.

```
A Z N O I S S E R P P O L P L
E A O Y E Y E A R S R E H T I E Q
H H D H J E H U Y T L E U R C
S A E N I Z E R A L L I E D F
O O D G J E H O R A M Y K G L
H H N T D T K U L I T T L E Z
B E E A L R A S Y R I A N S E
D J C A A F O S O N O F E N C
X E S W T P Y F P I W I O F H
D T A E M E H A N E M I J A A
I S R A E L F D A W K S T T R
M U L L A H S J E H O A S H I
S U C C E E D E D L A N H E A
Q S E V E N T E E N U B K R H
H G H D I I M A O B O R E J B
```

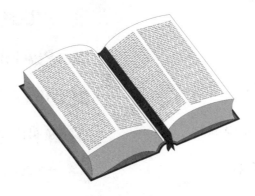

Isaiah 61:2-3

To PROCLAIM

the ACCEPTABLE

YEAR of the

LORD, AND

THE DAY of

VENGEANCE

OF OUR God;

to COMFORT

ALL THAT mourn;

TO APPOINT

UNTO them

THAT MOURN

in ZION,

TO GIVE

unto THEM

BEAUTY

for ASHES,

THE OIL

OF JOY for

MOURNING,

the GARMENT

of PRAISE

FOR THE

SPIRIT of

HEAVINESS;

that THEY

MIGHT be

CALLED

TREES of

RIGHTEOUSNESS,

the PLANTING

of THE LORD,

THAT HE might

be GLORIFIED.

```
R N H E A V I N E S S C Y G T T
S A O H G S W P B H O K N G H A
S B E F L C P W O M T I Z E E Y
E T L Y O N A I F P N R L E O C
N H B Y R U F O R R E O O J I Q
S A A N I M R A U I R H F F L D
U T T Z F T I O U D T O T T N X
O M P P I S M A E P T B A A Q I
E O E C E O O C L N T H D A H T
T U C H D K N A E C T R S C T T
H R C B T A N M D L O H E I I S
G N A H E T R E L L E R E E L M
I U G G I A L A U S T F P Y S J
R I N N G L U O E V I G O T E X
M E G T A D Z T N I O P P A O T
V J I C O R T N Y A D E H T X X
```

Puzzle 128: Deuteronomy 7:8-9

BUT BECAUSE

THE LORD

LOVED you, and

BECAUSE HE

WOULD keep

the OATH

WHICH HE

had SWORN

UNTO YOUR

FATHERS, hath the

Lord BROUGHT

YOU OUT with

a MIGHTY hand,

and REDEEMED

you OUT OF the

HOUSE of

BONDMEN, from

the HAND OF

PHAROAH king

of EGYPT. Know

THEREFORE

THAT THE

LORD THY God,

HE IS GOD, the

FAITHFUL God,

which KEEPETH

COVENANT and

MERCY with

THEM that

LOVE HIM and

KEEP HIS

COMMANDMENTS

to a THOUSAND

GENERATIONS...

```
C O M M A N D M E N T S M X F Y
P H A R O A H T E P E E K B G T
P B W D X O P N L H R H L E P H
H R K O H P A K T C T O N Y H G
A O E G U L B T Y T R E G O D I
N U E S L L A U H D R E U E B M
D G P I M H D E T A D S M E V C
O H H E T F L H T B E E C T O B
F T I H N O Y I L R E A V V Q B
F A S P R O O O O D U C E O D O
H A I D U N V F E S Y N A A L N
S R T T S E E R E O A B H U S D
R D O H H R K H U N R O W S S M
K F V I E F E O T W H I C H H E
M Y M H R R U O Y O T N U L S N
O T T N Q T S L D N A S U O H T
```

1 Timothy 6:7-10

FOR WE

BROUGHT

NOTHING INTO

this WORLD,

AND IT IS

CERTAIN we can

CARRY

NOTHING OUT.

And HAVING

FOOD and

RAIMENT

LET US BE

THEREWITH

CONTENT.

But THEY

that WILL

be RICH

FALL into

TEMPTATION

and a SNARE,

AND INTO many

FOOLISH and

HURTFUL

LUSTS,

which DROWN

MEN IN destruction

and PERDITION.

FOR THE

LOVE of

MONEY

is the ROOT

of all EVIL:

which WHILE

some COVETED

AFTER, they

have ERRED

FROM the

FAITH, and

PIERCED

THEMSELVES

THROUGH with

many SORROWS.

```
S Z T H E M S E L V E S O T H D Y
F T Y Z C N Y T E M P T A T I O N
H O S I T I D N A F N S I K L W Z
E U R U A A R W O I O W E O O T T
L R U T L T O R D R E P V R H H C
N B A J H R W N R R I E D G R J M
O O I N L E A O E E L C U O N E P
T C I D S C W H R I L O U T Y B D
N J O T W S T C H I R G Q J H I X
I A H N I I E W V B H H F M S E U
G B F A T D L E T C H R F Y C B Y
N F O T V E R L M U O R M A M S N
I W O L E I N E R M R V R O I U V
H O L O Q R N T P O T R E F N T H
T W I U D I F G O A Y E S T A E H
O B S F N U T T N E M I A R E L Y
N M H D L N O T H I N G O U T D L
```

Joel 2:23-24

BE GLAD

THEN, YE

CHILDREN OF

ZION, AND

REJOICE IN

THE LORD

YOUR GOD:

FOR HE hath

GIVEN you the

FORMER rain

MODERATELY,

and HE WILL

CAUSE TO

COME down for

YOU THE rain,

the former RAIN,

AND THE

LATTER rain,

IN THE first

MONTH. AND

THE FLOORS

SHALL

BE FULL

OF WHEAT,

and THE VATS

shall OVERFLOW

WITH

WINE

AND OIL.

```
O  I  U  S  R  O  O  L  F  E  H  T  D  N  A
T  B  W  I  J  Z  L  P  Y  A  D  A  I  D  R
R  E  N  E  Y  A  D  O  T  P  L  A  V  O  E
E  L  C  N  H  D  U  I  H  G  R  Q  C  F  M
J  P  A  S  Z  R  O  V  E  R  F  L  O  W  R
O  I  S  T  G  O  O  B  N  M  Y  N  M  H  O
I  D  P  O  T  L  O  F  Y  L  E  T  E  E  F
C  N  D  V  U  E  Y  J  E  R  K  H  B  A  T
E  A  F  R  S  H  R  T  D  M  T  E  T  T  B
I  N  U  E  P  T  A  L  K  U  F  V  R  N  N
N  O  N  S  H  R  I  R  O  U  E  A  G  Y  I
W  I  T  H  E  H  U  Y  L  I  Q  T  I  F  H
W  Z  K  D  C  T  C  L  C  Q  P  S  V  Z  O
S  K  O  A  N  D  O  I  L  L  I  W  E  H  I
P  M  Y  P  F  D  M  O  N  T  H  A  N  D  E
```

Puzzle 131: Jeremiah 6:16-17

THUS saith

THE LORD,

STAND ye

in THE WAYS,

AND SEE,

AND ASK, for

THE OLD

PATHS, where

is THE GOOD

WAY, AND

walk THEREIN,

and YE SHALL

FIND rest

FOR YOUR

SOULS. But

THEY SAID,

WE WILL

NOT WALK therein.

ALSO

I SET

WATCHMEN

OVER you,

SAYING, Hearken

TO THE

SOUND OF

the TRUMPET,

BUT THEY

SAID, WE

WILL NOT

HEARKEN.

```
Z A P Y B O L G K T Y E T O J
B D N T E T E T O X C H H R G
H U E D H S H T L H F J E A I
Q S T U S E H P Y C S V Y G D
I W S T R E L A A H O M S N E
K F U E H X E O L T N W A I T
X S I E C E F N R L H T I Y F
W N A N W O Y K E D S S D A O
P K Y D D D T D O K L R L S R
T M L N N E I O L U R S U V Y
C H U A P A G A O O O A E S O
N O Y M W E L S S T E M E V U
S A U A H T S Y A W E H T H R
W R V T Z P O N E M H C T A W
T D W W R T O N L L I W E W S
```

My BELOVED

SPAKE, and said

UNTO ME, rise up,

MY LOVE,

my FAIR one,

AND COME away.

FOR LO, the

WINTER is past,

the RAIN is

OVER and gone;

The FLOWERS

APPEAR on the

EARTH; the

TIME of the

SINGING of

BIRDS is come,

and the VOICE

of the TURTLE

is HEARD

in our LAND;

The FIG TREE

PUTTETH

FORTH her

GREEN FIGS, and

the VINES with the

TENDER grape give

a GOOD smell.

ARISE, my love,

my fair ONE,

and COME AWAY.

```
T W P U T T E T H A W B K R N
A W Q T L U O X S T R A E B G
A P I F I G T R E E R D A G S
N P P N S M O A H I N A O J I
D L Q E T P E E S E Z I E O N
C Q A R A E A E T D N G V E G
O N R N U R R K C H R S C F I
M W R O D E T O E E T I L V N
E Y I E M R M Z E U O O B A G
B E L O V E D N R V W L K F F
N G T O A O F T Z E L C O O H
Q N W W V I L W R Y N R R Y H
U G A G G E Z S I I L T O G V
F Y V S G H L T A O H H S N V
I O D T D S J R F A R R E I E
```

Joel 2:18-19

THEN WILL

the LORD BE

JEALOUS

FOR his

LAND,

and PITY

HIS people.

YEA, THE

LORD WILL

ANSWER

AND SAY

UNTO

his PEOPLE,

"BEHOLD,

I will SEND

YOU CORN,

AND WINE,

AND OIL,

AND YE

SHALL BE

SATISFIED

THEREWITH:

AND I WILL

NO MORE

MAKE you a

REPROACH

AMONG THE

HEATHEN..."

```
B U G V L A Y U V W T N N A C
X X I D C L L O R D B E A R R
L C U A Y F X F E H N N A E X
H I T N N B Z L T E D A W P L
H S P G T D P I R I K S L R L
Y T I P N O W O W L N A H O S
D O D H E E M I L A I T M A Z
O N O P R O L I N J H O T C E
I E E E N L W Y E E S I D H H
O H H S O D O A N B S G T N T
P T E F R U L W N F L G L U A
J A D O C O I O I D N L B W E
T E L O U L F E H O Y T A S Y
D H R S L U D D M E X E I H V
A N D S A Y Z A H D B U T G S
```

BEHOLD, thou

DESIREST

TRUTH in

the INWARD

PARTS: and

in THE HIDDEN

PART THOU

SHALT

MAKE

ME TO

KNOW

WISDOM.

PURGE ME

WITH

HYSSOP, and

I SHALL

BE CLEAN:

WASH ME,

AND I shall

be WHITER

THAN

SNOW. Make

me TO HEAR

JOY and

GLADNESS;

THAT the

BONES which

THOU HAST

BROKEN

MAY REJOICE.

HIDE thy

FACE from

MY SINS, and

BLOT OUT

all MINE

INIQUITIES.

```
W A E M H S A W H G L W N C W
H T U R T P B U K L E H O I K
I R Z R I R V S A A I M T N N
T M A E O C E H H D N H O A S
E P O K C N S I E N S W H E T
R M E D O I D N B E H T N L H
T N E B S N O U I S C I L C O
S U B G A I E J O S M A F E U
E D P L R S W D E H Y T F B H
R R L O O U H K D R T M H V A
I A M O S T P A J I Y T M A S
S W E B H S O O L A H A R P T
E N T H F E Y U E T K E M A E
D I O K O A B H T E J E H B P
T Y S E I T I U Q I N I T T H
```

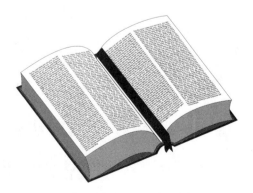

Psalm 51:10-13

CREATE in

me a CLEAN

HEART,

O GOD; AND

RENEW a

RIGHT spirit

WITHIN me.

CAST me

not AWAY

FROM THY

PRESENCE;

and TAKE

NOT THY

HOLY

SPIRIT from

me. RESTORE

UNTO ME

THE JOY

OF THY

SALVATION;

and UPHOLD

ME WITH

thy FREE

spirit. THEN

WILL I

TEACH

TRANSGRESSORS

THY WAYS;

and SINNERS

SHALL BE

CONVERTED

unto THEE.

```
Q M E W I T H B R T E S P A T
T Y S L T D B P U R R R W R I
G H L X L H N F O E E A A V C
T I E O Q I E T N S Y N E R P
W A H E H R S N E Y S M E H H
Q P K T K E I N H G O A C W Q
U G I E R S C T R T T E O O M
Z W T F N E M E N E C B N G Z
T H G I R O S U T N H L V O I
H X O V R S T H R C E L E D Q
R L M F O I E T A E K A R A O
C N J R T J P E H D V H T N N
I A S N O H T S R Y W S E D J
R V S Y P R Y J F F U Y D C Z
N O I T A V L A S Y A W Y H T
```

EVEN HE

SHALL

BUILD the

TEMPLE of

the LORD, and he

shall BEAR

the GLORY, and

shall SIT AND

RULE upon

his THRONE; and he

shall be a PRIEST

upon his

throne: and the

COUNSEL

of PEACE shall

be BETWEEN

THEM BOTH.

And the CROWNS

shall

be to HELEM,

and to TOBIJAH,

and to JEDAIAH, and

TO HEN the son

of ZEPHANIAH, for

a MEMORIAL in the

temple

OF THE Lord.

...AND THIS

shall COME TO

PASS,

IF YE WILL

DILIGENTLY

OBEY the

VOICE of

the Lord your GOD.

```
V O O S R P D M N G N L G B D
B O Y A S D E M B R A E C R H
U Q E S P M I Z C Y U P O D I
W B A C O R T E E O I L S I A
Y P X R A O I B V C U R E L S
R D I E B E O E H E I N P I D
O A N I N D P T S T N O S G N
L C J A M O O N E T E H V E L
G A R E T B R G O M Y M E N L
H H L O M I B H Z F O W P T I
J E H E W U S P T X T C L L W
H E H A I N A H P E Z H L Y E
N T A L Y L S N B N I A E V Y
J E D A I A H V V O H V N C F
D F K A N D T H I S R A R L I
```

Have No False Idols

"Of WHAT

VALUE is an

idol, SINCE

A MAN has

CARVED it?

Or an IMAGE

that TEACHES

LIES?

FOR HE WHO

MAKES it

TRUSTS in

HIS OWN

CREATION; he

makes IDOLS

that CANNOT

SPEAK.

WOE TO HIM who

SAYS to

WOOD,

'COME

TO LIFE!' Or to

LIFELESS

STONE,

'WAKE UP!'

CAN IT GIVE

GUIDANCE?

It is COVERED

with GOLD

and SILVER;

THERE is no

BREATH in it."

— HABAKKUK 2:18-19

```
X S T S A W Q G U I D A N C E
C Y H E A M N Z L E M O C N R
K F L K A Y A B S D D E W J E
L E E I R C S N E T V O C G H
E U U F E T H R I I O M D K T
P R F L S S E E G D T N U R X
O D E U A V I T S O O K E V H
H M R V O V I N L D K L P I D
W T O C L N O I C A L C S L O
E Z M T A I F T B E A O K B U
H Z A C T E S A O R W A G I W
R E K A L W H N V N E R M H U
O P E E I J H E E P N A R R U
F R S V I Y D A S G G A T M D
C S F R M I H O T E O W C H U
```

YE HAVE

NOT CHOSEN

ME, BUT I

HAVE CHOSEN

YOU, AND

ORDAINED you,

that ye SHOULD

GO AND

BRING

FORTH

FRUIT,

AND THAT

YOUR fruit

should REMAIN:

that WHATSOEVER

ye SHALL

ASK OF

the FATHER

IN MY

NAME,

HE MAY

GIVE

IT YOU.

THESE

THINGS I

COMMAND

YOU, THAT

ye LOVE

one ANOTHER.

```
D D B F H C R T R D E Y F Y L
O Y W H A T S O E V E R D O C
R B E Q C T G W I M U P V U N
D D I H N O H G F I A E A T T
A G K S A A P E T O N N T H Y
I S N N G V A X R R K J E A F
N B D I L N E N E R N S M T C
E K N L R J I H D O E E A T O
D M A P U B T H T T H M F Y M
Y H E K L O Y C T R H I A H M
S C I B N O H F B Y I A U I A
X D W A U O H S O U O Y T I N
G O X A S T U I U R C U W X D
S V N E E K I L I O T S R O N
Q D N E S O H C E V A H P M I
```

The Shortest Psalm

The SHORTEST

PSALM is

ALSO the

SMALLEST

CHAPTER in the

BIBLE: Psalm 117.

COMPRISING only

TWO VERSES,

this HYMN of

PRAISE IS also the

CENTER of the Bible,

COUNTING by

chapters.

IT READS:

O PRAISE

THE LORD

ALL YE

NATIONS:

PRAISE HIM

all ye PEOPLE.

FOR HIS

MERCIFUL

KINDNESS

IS GREAT

TOWARD us:

and the TRUTH of

the Lord ENDURETH

FOR EVER.

PRAISE YE the Lord.

```
T  G  B  P  Q  L  O  C  E  N  T  E  R  I  I
K  W  L  A  N  A  U  D  S  N  O  I  T  A  N
H  I  O  I  L  I  T  F  R  E  V  E  R  O  F
D  L  N  V  F  S  X  F  I  A  G  N  U  B  D
U  M  M  D  E  G  O  S  T  C  W  X  T  T  B
P  Z  Y  G  N  R  T  S  E  T  R  O  H  S  O
R  S  H  N  H  E  S  F  A  P  A  E  T  E  P
A  D  P  I  X  A  S  E  O  C  L  W  M  L  R
I  A  S  S  Z  T  C  S  S  O  Y  D  P  L  A
S  E  A  I  S  H  T  E  R  U  D  N  E  A  I
E  R  L  R  A  G  U  D  K  N  L  L  U  M  S
H  T  M  P  E  L  R  A  I  T  B  B  K  S  E
I  I  T  M  O  D  P  R  A  I  S  E  I  S  Y
M  E  L  O  T  E  M  B  B  N  A  L  L  Y  E
R  P  Z  C  S  Z  P  Z  K  G  B  B  V  J  N
```

Puzzle Answers

Puzzle 1

```
C S H S T N E M D N A M M O C E
X G N Q Y L D T E S T I M O N Y
H N C L X A E S E L O P G D W X
P I T P Y P N V O A N W E O I M
E R Z O L E R B I A E P C B L D
I E F L C C M I L T M M I I D D
I F R N W Y H T E D E A A Y E E
Q K F I T S T A E R S N S R N R
K O V Q S R E P R A T N S E N N
H J K L O B C S U U V S C Y E A
H O U A R P S S H T A B E I E S T
N U U A A M S E C A Z I L S S S
R C R L C R O V A S N M B M E E P
C N R F J O C I O O A E H M P M A
V E U S P I N R F T M C N R T A
D Y Z L A U B C I M H M V T U L
```

Puzzle 2

```
R E H C A E T Z G T A K E E A T
I Y R F Y K I N G D O M V F P
C J A E F A I T H F U L A A S
L C I W M N G D E C E O S S N I E F D
T A B L E E H N O W L S T E I D E
T N Y V A H M O T J O N S L O C H
T I E A B K T B J V U A I P C R E
U N F N R C E W E Y L D R I I E S A
P N A O O T E R O R Z O A C E V W
P E B N K I E L A H M Q H S V I L L
E S T J E N N B E P S E C I L L L C
R K U E B V I U I B E Q U D I L V
R N U S R H O R M K R R E O S C
O A M F E H R C D M O A P L R V
M T Y A D S R U H T E C V E Y O
```

Puzzle 3

```
S T O A T T E S T E D X K B W
E S O O S E F I J I G I B E S
T E C F R I F N S K I N X L T R
A U M T I D S C N K S P I E A
T Q M R F L I A E T O T A T N
S E S I D P L N N W R R T V S
S R D O L A Q A A I R U M E R F
N U X E R T V T G R O C A R O
J W S E S R E N T N Y T R Y S R
G H V E E R H I A C I E Y K M
O E C S J O T R Q D I D S X M
S N W I J A S I H D N A D Z E
P T C F H F A A T T E N D E D
E H O T M W W E L C A R I M W
L E D I N T O W I N E H T F O
```

Puzzle 4

```
Q U Q N A C H S J M W O S R L
X H E I S A L S O A F F O R L
Y Z M T C M H U S J H M N E I K
C I I N F A N T E E A E K G I O
O S T E M T H S P N N W R I O T
N R A E U O H C W D W O T T
S E H T I L A E U O H C W D W O T
T E T C A T E X P A N D I N G
R L O R D T O L D K G O S G
U P N I A E D U J S X T I J R
C M E M U G T H E G R E A T E L
T I K K I N G O F N B V W X H T U
I T V M P S S O L D I E R S R N
N D I E D T H E A S Z S R B R
G J C C X F M E H N E H W Y N
```

Puzzle 5

```
G G N E N J T C E L U R O T G N
W W O C U V M H Q C M H E M A T
N E T O H R N Y I A I S P P B S
E Z H E D O T I N S U F C R X S
R T O G N I G D O O I M F T W U
D Q W U V N E W H H P S A O Z B
L Q W A I S N N O K T H D C H J
I L R Y I M W P R H T E L L J E
H G A R S O O O O E E F L O A C
C S E H B H W J N F K S K U S T
C T J X S G D O O K G A U A R I
H B X I X I F E B N N O T O D O
U R B K F E R O I N L A D E H N
R T D H U A V V R N N K M H H Y
C C O V C V A R W I T H A L L J
H W E L L H I S F J F L E N R H
```

Puzzle 6

```
A E N I H T T O N Y A L P C Q
N B U S N O F N Z H A K H J A
I E U T O O F F E R I N G S N
I H P E F K S K A W S M E W D
N I I O A F R O M M E A Y U D L
A I N D E B L I F T E D O P O
T D T K R N Y F L S A H F Z C O
H H H Q E T T H I V B A T C K
I I E S D C H H I R R S H E E
C M L A W A P E O S A T E I
K T A I N U T P R U H N L S M P
E W D D W G R R P A A O O S P I
T W I T H H E L D S M T R O I
A B U R N T D L O H E B D N A
N O T H I N E O N L Y S O N S
```

Puzzle 7

```
G N I N R E C N O C D N A E M
W L J W S P N E H T F O J H C
K N O W E S T D H C O Y F A J
Y B D N A H B U R O S H L D U
M D R O W S S O L N E L J U O H
L O H S W O T O O C S G L J H
W X U G D N R T T E U O E R T H
H K H N U D F H M R O H E W C I
I J G I T O I Z T N H W R W S H
C R R H R S B F H I E T S S I
H R E T C I O S W N H X N X I
A S A I X D G I V G T V U A W
R D T A O N L D Y T H G I M S
E Y S G I L X J J H I C Q Z Q
R G W K Z D N A E E H T Y B X
```

Puzzle 8

```
V V T A E J K J M V Q C A A E Z
G B S Y N N I M A J N E B P S R
T Y E M J D G M A Q I A H A H B
M U D T M F C D I N S R V P E O
W P A J W V W A D B A E E F F G
I H E Z H E M R U I U S O Y I O
T S L D L T E A M S O R S V Y D
H P R L N H G N E J E U E E J C
K B E A P A J N M H N E P H H X
Y S E E E Y E H E R A H U A C F
T O H S R L V M U R K O R L O Q
P S T N A S I T O R T E I R Q V
E R O R C V H K F C G S T W V X
K C O L F J E I E V U H S E N I
L L A H S E W D N A R W U W T O
J T B F K O T I O E O Q D Q X F
```

Puzzle 9

```
V I T S H A L L W W X F L K I T H
N I R W R F G M H U F P T K E H H
D M I T P A O E H O L I L I F E R
N A T N T R T N Y R T E T D Q A E P
A Y S E H T G S A T S N L R C W K
T D T E H E A Y H W A E T E O H E G
N H R O P K E E H E A M O V N E L L
E K U R E E M F E D T D E G T N M
M X C K E A E H O W S N Y L I H H
D C T E S P T L J R I A A M N Q B
N J I S N R R A S H E M N T U I G
A D O V E E E O T N P M U K A B L
M J N L L K H H O L L O N B L L O
M V J I A N A T T E B C G E L A C
O F G I B W T W D A S E T B Y H T
C H B N F H I U A N F H E E U O N
T E Q G E M Y S O N A T M S X N U
```

Puzzle 10

```
J E G H Y R T I U C R I C E A
B R S E E T H O H O G H G X C
W A X I D I A S N G T D N A L
O Y J G G N M A E S U J W N O U
G E V H D I S Y C J I O O O U
T H A T H E H E I G H T R F D
W T H O W P A S C E A G I H B
P O T F X V R T E N C A S E T
U D N J E A R H D V K B H A G
W J K T G N I R E V O C V O
R O Z S B A H T E K L A W E O
G H D C C C K R A D E H T N I
I T H I C K A G Z M K Z M A F
T J H B N O F T H E H K L N O
C A Z R O Q C R M P V F H D W
```

Puzzle 11

```
Y U E T D F L E S M I H X Q K
R S N E R E S U R R E C T I O N
I D N O A T A H T S D L O H H B
Z N S D B Y L N O S I E H H T
O U A I U J S F H E L A T E R
F O W T O Y J E A D D U R H A V
J W A I D O R C L E N X U T F E
E U B O H E H T N T L A O F L
S A O N H U M O I S S T F O L E
U S T R I I L E H A O T Z E D
S F T C N T H V E V A W P I D
O A H D N E D D N P L V T A L
B R I E F L Y J H N S E I H O
S A M O H T V I S K N O W N E
E S T A B L I S H I N G G T G
```

```
D E T E R P R E T N I D O G G F Q
N R A Z Z A H S L E B T T O O S A
O W E G A S S E M S H E B R I G
I C R Y P T I C O E U L H L W O P
S L G O C J S O W Q E I V I H L E
S L A Q T E N A N T M E N H E D A
E A T M M E L A S U R E J I L S R
R W A O N L B A B Y L O N I A N E
P R C O G N I T I R W A F N P L D
X E W G N E T P H I D E Q D K E S
E T R N F U A H D G A T E Q R H D
F S U I G T O N E N I L A E A G E
W A L K H I A F D B P D K J U S
O L E E H E H T M O R F Z E Q U
R P R H A G I R E W O O I U K N E
D J S T C S S T S E U G K O W E
S T O R Y Y L L A U T N E V E H R
```

```
A L T O C O N D E M N A T I O N
V L L A N O P U C T Y M V Y E X
V Y L A T N E M E G D U J M T Z
O V E M H B B B Z S Y M H H M S
F T U C E S Y Y O V A N E E A U O
O E N E N N E G T V J R H N D E
E C W R U A E I N M H E T O G S I
C F M M N F F A O F E P K F N G
N Y U A T E N F O N U X O P I E
E X B C N Y M R O E N F I O N G
I C A O W S E F M E L O Y Z I R
D M Y E S V O A Q I H P Y B E E
E B R O E M C L F B W T O B R D
B E C N E I D E B O S I D O S A
O S S E N S U O E T H G I R F A
N O I T A C I F I T S U J S J M
```

```
E B T S U M T O T H E R W O M A N
B D E R E F F O S I H T T A H T E
B I R L L J P O N E F O R H J N M
F N R D E N R U T E R E Q R Y A O
B E L T T E S C M E L T H E M F W
A V L M H O L Q U A F U E C A N O
B I U T L A H R T B O P R E O I W
I G O O I D T E U S D S S N E L C
E M M M I E D T R A L I E T E L T
S O E E H H T D H D I D L L W E D
N D D T A H R H E E H K F Y O V I
O G T H E O T H E R C S R S M E V
S N I Y Q W O C D E R A E P P A R D
O I B S B T S I N H A L F A N O I
T V A W I S E K I N G I C R H F N
C I B W G B E R E A V E D E A E G
R L S B D E T E R M I N E D D B R
```

```
R U N G I R D X G A C H B A U I
W Q S N D U A M Q U N C C Z N J
K H N G V U T H R U P H A Z C N
C U R G M E P I R N U U J U A E
L R N M U I A H R L U L G U N L
E U A O U H R I A A G R Z L N C
T H L D I Z Y U Z J G Z I N Y U
D M D A U T O U H Z I U U E X N
U E H B I T C U P E U R W Z L U
R T B N G J N N L H S W U Z A K
U Q U U I E Y U C A S K U S L
B L L A C U L R Y U H R E W U U
G L Z O D U E U J P K I S L R C
A U R N R D N S M U V N A I N R
G N U N N Q O U W N A M A Y N U
I M U U Z B U N C L E S S Z P J
```

```
S E L T S I H T N E P R E S G
M A M X Q M E O K N E F K J N
Q D Z A L C H E R U B I M T I
N A F L H I S W E A T U T Q M
Q M L J G S X U Q P S A H W A
W A E S S C P O L Y E D O C L
T N Y E T H S A T G L M R W F
I D F G R N N T D H A L N I K
G E W A P T E E S N E N E Q B
R V T R S S L M U A A L T B P
I E A D R W P O R I E B O I X
S S T E O Z P V B A S B S R W
Q T N W S A P V K G H Q U D
K I K M L I V E S T O C K C H
R H X R T H S A W N L A H R T
```

```
J A L Y S Y A I D U A L C A Y D
C Y H A O C Y N T X P T H K C X
S P Q T C A G E N F A P D A J F
U R U E R P M D W A I I G G E A
C P B E E A L W T T O S B R R I
Z E G R L Y M H A A P J H I F E
R C U A D Q S H H D P O H P Z Q
G D A I L U J C I N S P I P S S
A J A H H A I A B E P K H A G K
L V A E T M N R A A A Q U I L A
L E N R F A H I S H U U H T A H
I L Q Z E O G Y D T S H I A E O
S I E I D S S A Y A F A S R D P
U S J A L L I C S I R P A O W H
R H Q L C Y A S Y Z H F G B J R
D A B E H S H T A B B T I M N A
```

Puzzle 18

```
F J Z G T S Z D N O S Y H T O A
X P U I H E H H B R O U G H T O N
O E M D R O R O C N F U Y G I D
L E A E G E U O A F E H N T E W
Q Y W S R M M S S R S M E T M H
Z E U O K M E Q E D A S D U O E
W D F J A E O N R H T H J N C N
X E Y N M U T O T I O L P H O I
B W D N T E L H M S S L V V T B
A E A O Q E A O O E R M D P T D
D H F A H S N N T U I E Y Y O M
V S Z T N I I U O G R G D G Y Q
R Q D G E J T H H P E E R N A Z
N N I S H A L T L N U U Y M O A
A S H N T U Y Q Y L Q E F E U W
M I G S H O G N I Y A S D D S K
```

Puzzle 19

```
S R M U M A G R E P V L M Z U S
D T E E X V J O S T I R I P S J
L R A P S X I P E A C E S O I A
R E O R E S Q H I B D T S F N I
O O G W M N I R Y C O A P T Z H
W S D N S A T A H T L W S A U P
L G U W A A G U H T H Q L H L L
A P G L Y C R E A T U R E S U E
O Z X H X C A R D L H A O F V D
D C T E H N S H L D V A H N X A
I X E E R T D O P E O T D S E L
C O S Y A L R S N L I N A E S I
E X M R M C A S G A A R A L S H
A S S E S V G M F N D E A G S P
P S N G G P O Y B I E M A I F
W M S E M A N N S F S K K E C W
```

Puzzle 20

```
O J S A I D T O H E R S K G T
O M A I D A R I S E P F S V H
N I N S T A N T L Y A H G S E
O I A I L I H D T W E L V E N
T H T E P E E L S B W F H O J
D A U G H T E R E L I V P I E
E D A O T S U S E J A I R U S
A D K V O W E E P N O T G G U
D I E R E E E E H U P O Q R S
P E O B C R H T S T G E S S E
D D V H R T Y M A A N V N V E
S H E I S E A U N L A A I E M
N D D A R N H Y B C O H R L E D
N S K S M R S N P Y W O E T T S
C A P E R N A U M P S T T S D
```

Puzzle 21

```
Q V Q C V M T E G B F R C Y E T
N J M U L T I P L I E D U G P H
O E E A F K I U L Y K H A E D E
W A W N D B Y L V T C C O E U C
O A N K V Y Y E X M H P S L A H
A F X D I D A O H I L A Q A D I
B H C E H N R W L E E M N P I L
U I Y O D E G D O R I S T W W D
N S W T V T R F C G C H O E E R
D P H O H E E N H J L K R R D E
A E U F N G I T H B O E N N A N
N O D O Y Z I D T T B S A E O K
T P F P S E M M N H I L E R W C
L E T H R U S U U D E W I P S F
Y E H P H L U F T I U R F P H I
R Y Z R J E T G N I D E E C X E
```

Puzzle 22

```
P A H Q P E M O Y H T T O L K H
R N D E W G F Y A R H U P N P Y
O M S N B T Z F G C Y N P I P L
V U W R S R S N A O R V O F W P
I O J O D R E L I M T C S Y I T
N U M B E R L W N P S S I T E I
C W Z S K E O T S A I Z T E L U
E C I U D C C W T N N T I O H S
S S J S T Z Y W C Y I C O H S M
T G H S D A H R H N M P N U S X
N Q O A U O E T G R P R A Y E R
T H I V N A M R A A E Y T X S H
G L T E S D I M G B T A K A A D
Y J S E D I S C I P L E S X O I
U T O S Y N A G O G U E M O D B
F H L W C H O O S I N G S U N P
```

Puzzle 23

```
R U D E I L P I T L U M U A D T
I T T E Y D I R L P G U E O V R
R N I U E M M A I Z Q Y R S A
G K C K R H H J U G T E H G R N
G W C R I S T T O S H A M E B S
H I M S E L F S E T L T H L K G
W O V H H A C R N L A T E W N R
D R Q E T A S E S N O F G O F E
I E J H M C H E D M T P S V U S
M P E D T W E H T T I Y O J P S
M R C B E E E R O H H U C K O I
Q O L O U L G U R T C L X U P O
T O D Y K T I N N O B H L I X N
C F Q S C S T G I T C F I A L X
T R Z U I T C H H R O N G L F B
K C U C W W C G E T B S O Y D T
```

Puzzle 24

```
T D E S O P P U S D N O Y E B
O I O I M Z W O N D E R E D S
N R R O P R X I M T T U B P E
E E C I G N W J N R O H M M V
B X H U P O N N I E Z T E Y L
I S E W U S A M A Z E D H L E
R S E A T H E Y S A W B T E S
S T R A N U O U T F O R D T M
Y H E Z E B B D H M M H E A E
A E W K W C F E E I E K S A N
F Y D N J R W K Y H A S A E T
R W N G N I K L A W S A I T O
A E A G T E R A L A U I C M N
I R K H N D T T L S R T H V I
L D E L B U O R T F U E H V J
```

Puzzle 25

```
H T X E H T G N O M A M E H T X
K H H Z T S S P R T F I G E S Q L
U E U T H E M A S A H F R H E K Z
Q C T Y V F A Y G D O A H M Z B
S O Y H M C Z U E F L T M H D W
I U L E E Z O R E L H V S O A I
D N H M H H E R F T D A A N N Y
B T E T T T E M I L H S N H D G
H R F L T H E A O U E M C N T O J
K I A A T X S R T C G G T T N N S
X E C A O T D G E H X J U A T C O
N S V F F G I B I H E E U A R T H
B O I A O H H L E K W N R Y N V O P
B M X D H O L E M T Q T V U G H L
T E Y S E I R T N U O C O V O G W
V C R S W E W L W F E E N X H W
```

Puzzle 26

```
D U Z L U C I F E R H N F J F
Y R S Y P A U L S A B O J A T
H D O R M I N E H N R I I Z K
T J T L E F L M X B T O N W
O D T V E P E M J T H A H O I
M W Q A I H I A Q O M R L N L
I Z N C S G I V R T H E S E D
T H S S H E B Z C E F N J T E
H I R T O G E E Q N D E H H R
D U Y S N N F S M G S G V A N
B G N I N R O M I U I W O T E
I J Y T E Q R J S R U H I D S
E R I P E S E A P Y A Q C P S
C Q U A N R L U F I S H E R S
Q I N B J T Z O C D X K P A P
```

Puzzle 27

```
W H L X G Z W A D J T C H J I
E H A L L T H E T M D O Y L D
D E O D E S C E N D E D O V E
E G C M V W T O D C N V U B Z
S U W I T H Y O U A E I A E I
A B Y A O H O L Y S P I R I T
E U P N E V A E H M O C E D P
L R B E I N G J F A A G Z R A
P S E H O M R R E M L I A N B
C M A W G P O M E I T Y D O I
F U Y W A M L Q K H I A D O M
K S U S E J C E K N S I K W C
M R O F O H T E G O L T F R S
C V T J F N W X G Y X U U J R
T P T T L H K T Q R O I U H J
```

Puzzle 28

```
H E X G K F K M W O H X S D D S
A R H T A H D N A H F S M G T Z
H A I A O P K N F Y E H P S A S
Y E F C U C S S E N D N I K U B
N Y F U H P O U E B E R N S D G
R I Z W S E T M T V H I E E J D
S A T N I T S O E C R J V D D E
H Z I A I T O T G E G A N A E N
E S O S H E H G H E S K W M C A R
W B E G E T C T E R T T X D A C R
T E I C T D E A N T O H F N G I
H M W I A G U J R W H U E A U
E J S E O L A S A G X E G R Y
W S D T R G P R S Z E L R H B Q
U E X C E E D I N G O E E L B A
P V H S H E A V E N L Y B G F W
```

Puzzle 29

```
U L M H L T N E M H S I N U P T
O E N D E C O E U D V P I P A R
Y A I E Z I L N A Y M S S K T A
R R A N Y A S L L I W Y E H T E
E S G R S O G E L I M N G U V H
V I A U J E C G T R A I O O T R
O O R T B I N H A W L H L H O U
Y E E W O A Y H A E S S E Y F Z
J M V J H O Y Y D Y I K D A Z Y
N D E T U N O T D H I U W Q I N
O R N N A N A S D N A H R U O Y
I O S R E E D O G R U O Y I N G
Z L A I R R O D A U G H T E R O
Q E V G N F U Y A D T A H T N O
F H G F I G D O N O T F E A R H
R T E V A S O T Y T H G I M V J
```

Puzzle 30

```
G L P I H S W O L L E F Z L T T
A C G F I T K D A T I V I V H G
U O Y H R I A F I R S T D A Y H
J N T A O O E H U K N E T K W W
W F T V D V M O H U R H U I F M
O I X I E E Y T T C E O L Q J J
R D T R L R H I H F I L W Y E C
C E Y H O N F T G E E H G T H R
S N Y F B S O V N P A N W R O A
Y A T Y A L E N W S I I I F K H
A U R L R A I O G H B S J M D J
W S N Z P P G N T T T E G D O A
L H L T I O I Y G O S Q G Y O X
A C E G N K R C F U Z O F U G Z
O U D X A E P H S G R O H Y N F
F L I M V P E R F O R M W O G O
```

Puzzle 31

```
P R O P H E C Y H Q L O R J R
E M E C S T R O N G K A E W I
R V I P Y K R O W Y T L N I K
E H N S H A L L F L Z P E A O
W Y A K H R L C A E R H W I O
A N A N E K A T S O B E E X T
A R Y N P D F F I P D H A D U J
D K D R O S O H M T W R O I V
E R O F E R E H T A N D L E T
D L U I A T C S Y F R U P A N
O C T A N D T H E U W H O O Y
N I T I D O L S O H Z X S M S
C P H N P U I Y E H T F O O N
E G A R U O C N I M A J N E B
T L T A T E L B A N I M O B A
```

Puzzle 32

```
X R M Z L L Z N J R E Q I T O
F K N I V O M T U F G M S S E
W W R E H A S F R G N D A A P
O H E A R A A D P K I N D S R
R O R L C L V S H M N K Q E
S P A Y L T A E C O R N E T M
H H B D H L C Y W R U A E U I
I M O A T A S I C A B R S B C
P W T E N O F F U N T I Z K L
N S R R U H L I K P C V E C U
O Y U N P F U E I I W Y Y A D
T F D M G J T R E G M H R S W
O L L A H S E Y L L K A I N O
K P D D B A T S X K Z N G C Y
M N B E X P W H A T T I M E H
```

Puzzle 33

```
N D E C I O J E R I W D M X Q G
H G U O H T S A N O S E H T N N
D E V I E C E R N Z W I L I A I
L T G U C J T D B C N E N S D K
T H R N A F N E H T T N W N L L
S I E T E A W I R O I E U A D A
I R A O P I L U R G H O L A L W
R H T T T D T W E A F A H A J K
H C L H R H I B V I F E U A D C
C L Y E Y C R E M T W G S N T Y
S O N E I B E S E E C H A D E A
U V H C I H W R Y P W Q G L Y Z
S E T H E L O R D X W E L O V E
E H O N E A N O T H E R N V D W
J G R A C E T H E F A T H E R A
S K E S T N E M D N A M M O C A
```

Puzzle 34

```
A J X U Q O S T D L Y B E Q B R
S T I R I P S E H L B D N E R X
H A F N G A V H U G E E D F E T B
A O J K V S D N O T R O N I V V
M E R E U E U I E H Y R E T U C E
E T L R O D F I T E O U F H O N
D H F Y E Y N P A R S T O O U F
N E Y E A G F W T M O G S Y R G
R B C H S E H O Y O N F I F N E
D X D E T S A O B I H O M I R I
E S X C O U R J H S G I T O H O
Y C O M F O R T Y E A S M C C W
O H N O F M Y T R S A T I S C J
J H Y L U N A E D O F H U J D Y
O O L A A R W D B D W G T B J P
J A M G I H A V E D G L D X H I
```

Puzzle 35

```
R E B M U C U C D C A B B A G E
E P C U S L C P B R O C C O L I
G O O T D L J L T G B P P Y
G L L Y C E R I N K O E P J E R
P E L L P R E G U D N A A E W V R
L A T A S Y R L G C N A E F B I E
A N A D C R L D H R V D R O O N A
N T H G U E O B A C Y Y A V N E
T O T R R B A C S T E S E E H C R
O C N E R N C A S H E W U L R V C
C I A E A E K O H C I T R A R B W
I R R N N S R E W O L F I L U A C
R P A S T Y R R E B E U L B H O B
P A M U T O R R A C C H I C O R Y
E A N R B T U N T S E H C Q A U
```

Puzzle 36

```
Y I H M I K P F O N Y A E U O H
B L N C H F O K O O B V N T Q T
R X O T I U S O K T E B H D D E
J M I H H H E U B N U E P Q I I
E A Y W B I W H S E S O A A W F
S F L E R E S O K E H G T O R I
O R K M L I W H L O J T R A M T
M E C A R G T I F Y O D P O K S
A K I G B Y F T T K S B R D W E
N J U A O E H I E H A F O O T T
S P Q U T I C H G N D G P K L O
H F A K S H T Y D N M G H R G R
A L B N H M I O A S U R E L Y O
L B X I O N U N X W F Q C Z D W
L R Y R Q T I Y G J A M Y H I A
B W F L V J E S U S C H R I S T
```

Puzzle 37

```
S B L R N S O P E R C E I V E D
G I X N O I T A R E N E G X L V
V K C L G N I N R E C N O C I W
C A P K G N I R A E H W O N J L
L V N O N N P T O V I T E A A G
E G S I S E O G N N R Y I C S N
S G N S T S S I G E A E I H C I
V W D I A I E S S R M S S O T T
E H A E D T E S D U U T M A E N
X S L L L I I S S M L M N V P I
A I A E L W B S T I U C R I C A
T N F E V O O A F N O E N L O U
I O L H R R W N E I S N O O T Q
O M D A R C A D K B E U S T C C
N Q O Y Y N M O Q D D E S G A
P A W T S N O I S S E R P P O F
```

Puzzle 38

```
G H T E R E P S O R P E P J X G
U W A P S C S N R E J O I C E D
M L H P R O S P E R A N D R H L
I R T E U P H E A L T H Y F O B
Q D H L N S G N I H T L M G T F
F E W T T T E S T I F I E D
L V U C H D H S K A A S T H O U
T O R L E O U E E S V Z F T A U
H E L T O T K M R U K B E H T F O
E E W R J G I C E L U E Y X H
E B Y E U P A A L E N A F E T T
E L D I T G M O B T V I W M E T
V L G N H E V E O O W E E X V A
E E G C A E I T S I V N N B C H
N W L S D S H Y S T S E Y A M T
C W M I N E R H T E R B B X S Y
```

Puzzle 39

```
F T I W T S P Z Z N L G T C W B
E I S W V W T S Y P I F R P R G
L M O A H D U N F M L O I A E O
L O O I P S E H I N A G J H C N
O T C H E E E G X A N G K N G E
W H X J W N H E A P S N A O E S
L Y M G S T F Q S B A E M I V I
A R E H T A R R I H F U V T N M
B P K T I M E J T F D C L A Y U
O E Y T S Y G A E I H S J L H S
U V H A A N I C T U I B R O B N
R I S R E H T O R B O A U S Y O
E E P C P U U C G N E S S N L A
R C A P A C H U D D E S J O O N
B E A L P R I S O N E R Q C S W
P R V H E T O W A R D G M L M R
```

Puzzle 40

```
S K X O F S W Y U B J F F T R J
W S C R I C K Y W Z Y Q A A E H
Y S T H E L O R D I W H W H V K
C G N N A Q I M Y D T A Y W E I
P I L W E T U Q M O E O L E R X
A E O A T M L I S A U C P E E E
A H D E K U E H R M N D R E H S
S F N F T S I R A E D D O E W T
E O L I R S G Y I M S G S B E F
V Y T E L T M S O U Q Q P W E S
S A O A S E M S I D Q Q E V V H
A T W U M R E J M I N E R U V O
W S R N R S U O D O N E R L K V
F D Y O O G U O Y O S A D D B J
U A M A N R O V Y B V X L N J K
Z V S F W G J D O G Z X Q L Y O
```

Puzzle 41

```
O D D P R B T S R S I O W S E B
D G A I T P A H G E T U F P D O
F W L L A H S D E N H W W R D W
M X R I R S E K U S I T O J O O
K S N I K A W O U P E H I R G M
B B E P T O R N D T A H T E D O
S H U H R E S G T U H S H K N S
T M W R M C E H L G T D S E A V
C M O R V M E U R T N F B E K V
P S O R L R F W N A B I R O D S
W F U K E H I Q S E T A Y E C R
B I X U T H G Z H K W H M R R A
E H P I Y U T O Q A I V R K C E
A O A E X M L R Y X I N A O K T
N F L Z C D V M O C E Z I A N R
Y O S G I W P M P F P S M M C E
```

Puzzle 42

```
M D X H M H N O R G E T D E I T
K H D A O D S E V O L N I S O X
Y U K L N L H I V Q N S D T M H
E E O U L T I Y L E H E H H E I
L B O Y O R S N O B D E M A E N
B B S N D W R A E U A O R L G L
A B A U Q R N E I S T T G C L L
E E X D U D A O H N S O S J S A
M F R H T R G W W T T K E E I H
A O S H U N U E O R A S N Q U T
L R E O I S D O A T U F I Q M I
B E F M A Q A U Y S D I R R C W
N O O N E T O W A R D N W U H A
U C E O T J H N N D U Y A S O C
D V M H Z O X P I F T N S G N A
E M E S A E R C N I D E V U W J
```

Puzzle 43

```
K W X P X Z P O Z S Y W Q J R F
T S O H G Y L O H E H T C S S I
C P S N E N O D E B P Y S S G L
T E W D H D M X R H P E N Y L
H O R A T N A R A T E N I A G E
R G V A S H N A Y O A D H M Y R D
E E T H A S E G E T K L C Y W E D
A T N H P D N A O T E T W N A P
T H T A L U G B E H Y Y A B Z D
E E S K A S S R T B E H X H L R
N R D E C R T R A H E N T A T O
I J N E S O Z T N S H E F Y W
N I E D A F Z I I I T H O H O Y H
G N N S O V U H G W O R U L W H
S O T C U R T N S T C H I L D T
W E Q P A S S E M B L E D T X O
```

Puzzle 44

```
O F T H E F I E L D G E N X H
B C D Y O R Q S T R E N G T H
T I O L Q L O M G C Z Z E J H
D B S A G D A F I G T R E E L
I D P F L T N N Y V A Z H Y M
A E R L H B D V D E I E Q I Q
R X I I L S R Y B A R N X E C
F W N T T E E U E F L T E W
A G G N H B J R R H H G B D K
S Z S T E E Q U U E T X E X O
C X D A L V I U T T N R N B U
Q N S C O T C R A E S H O S U
A T O N R A E F G R E A T F H
S W I L D E R N E S S H P H C
```

Puzzle 45

```
W A S T I L L Y Z D R E B M U N
L V W E D D A M S E P A R A T E O
H C T Q K N R Y O U N G H Z G E E
M L H T Y A A O T Z G A E D I O D
U E E O N S T H L R D I G G N T I
Y S N A D U L O E E F N A R W A G
W E H B L O E O F R H S T E P T G
R T A G U H A M O R E T H A N H L
E I N D Y O T S M H D N E E T R G F
M A C Z W S T T W D E L R A U U R
A I H T I H H U E R T R E H T O O
I I O M O O O H P T E F D D T R M
N D S S U S S U A L H G R N Y B T
E I E G I I E B R E T A W P U Y H E
D M H M W K W N B N N W H I E H E
U T K X A Y H L D K N I R D O E I
Q S Q M H N O W T Y T R I H T J R
```

Puzzle 46

```
F O R T H E M R K R M H I L Y
T L I A H R W N S M E H T F O
S O Y H S R H S P A C H J J E
D W G T J H E G V B Y D T A Q
I T M E C L A E N E U U R A G
M F I I T N N L N I R T N D F
E I J H N D H I J L O H E I T C
H W E V I S E D A A D T H J O
T Z S B I A E R Y G S E Y W I
N A C N R R G N H H R X R A N T
I U A O E N O A A E K E M H A
X M O H U I Y L A H T Y E R Q
E W T Y Y M L M J V Y Y H C M
T A N D F M I D S B T K M T P
G Q R O T O U C H I N G F E K
```

Puzzle 47

```
I W I G K S R A D R B L A Q O
N U E P H E V E E E E T F F A
Y X S A A L R H F Y T T O N A
O H M L R U S O T H H U D O G
U E A G D I R S E E R I S I C A
R C J N N E E A U I S H U T I A
U O E I D L U D G S I Y I C I N
S N F K O T G H S M E O I S I S
A S T O H F T T T U M J I N D T
W I C O H F G H H I C E N A O
T A E I D R L F W A O N R R H E R T C
A H E F A I T H D D W O T R T N R
H R I F L E S M I H S N S E O R R
T N S E T D O W N A S Z E O B
T D E S P I S I N G Z T L C I
```

Puzzle 48

```
Y O N D E R E R T U Z C V R Q
D D C I M P O S S I B L E T G
P I R Y A S L L A H S M S P I
A S A A P R A Y E R O A U L D
N C H S T R G H I V C J A A H
D I D I S S U S E J O T C C A
S P A G G U U O V N R D E E V
A L F T D F S M Y A C E B E E
I E W E N O T E P C V E R N F
D S E G I U G A J I Y I O D A
E S A D K L O D R F L T L U I
U N T O T H E M I Y H U I A T
H O W B E I T B U I O B V B H
Y G S Z Z T H E N C A M E I G
Q F A S T I N G T U G R D I E
```

Puzzle 49

```
T H O U S A N D A G B V O C A E
S D F F R H Y C E R O M A C Y S
O S O O T A H S O Q D L S L S U
B U E R R A D U O H E N D T E O
R M O N R A G E D L A G O P T E
O F E I O H L A C E O I Y K I T N
U X O L T T H L M T R M M P T N E
G T I O A E S E Z A H E O T T L
H D U S H S V G H N N E H N I L P
T E T R L U C V M S S K T H P C
U D S H E O C R H H E K S I A C
O A E W C H F E T I A Y I M N G
Y X T C O T R K T J R M T N U G
E V W R A E E I A I A Y J F G M
H U S P E L C F A D R E V L I S
T E B S S W P D E R D N U H T F
```

Puzzle 50

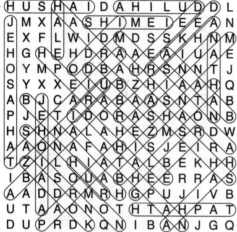

```
H U S H A I D A H I L U D D L
J M X A A S H I M E I E E A N
E X F L W I D M D S S K H N M
H G H E H D R A A E A I U A E
O Y M P O D B A H R S N N T J
S Y X X U B Z H I A A A H Q
A B J C A R A B A A S N T A B
P J E T I D O R A S H A O N B
H S H N A L A H E Z M S R D W
A A O N A F A H I S J E I R A
T Z I L H I A T A L B E K H H
I B A S O U A B H E E R R A S
A A D D R M R H G P U J I V B
U T A A O N O T H T A H P A T
D U P R D K Q N I B A N J G Q
```

Puzzle 51

```
O A C B Q L D E T N I O P P A
E C O M M O N S Q N P E V U X
Q X D T J R E B C V C G P K T
T T C U N D E H R A N M Q H A
G Q F I L O M H E I I V I U F
M R T U T E S P T N L N N E T
S E O F E Y F N E A G R A C E
S H R H L O A T W S F Z S T R
S T T C E W I C O O Y R E V E
J D M S Y T T F C T E T O I D
V N U F I Y H H U D I R H M R
S A V I O U R O L T Z T X I O
C O R D A I N E U N X S U K S
N Y Z S S X Q Y Z I D B V S I
X N I T F E L H H O I M S Q F
```

Puzzle 52

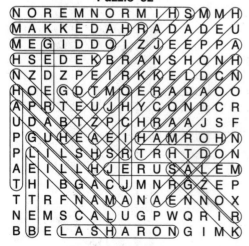

```
N O R E M N O R M I H S M M H
M A K K E D A H R A D A D E U
M E G I D D O I Z J E E P P A
H S E D E K B R A N S H O N H
N Z D Z P E I R K K E L D C N
H O E G D T M O E R A D A O O
A P R T E U J H Y C O N D C R
U D A B T Z P C H R A A J S F
P G U H E A E I H A M R O H N
P L I L S H S R T R H T D O N
A E I L L H J E R U S A L E M
T H I B G A C J M N R G Z E P
T T R F N A M A N A E N N O X
N E M S C A L U G P W Q R I R
B B E L A S H A R O N G I M K
```

Puzzle 53

```
U P Q S U C I N O R D N A E Q W
Z A N E H P Y R T L A Z S P P E
O T L S N J R A K M R U I A B H
O R F L C A S E R S E L L E P A
L O P J I T B E T R Y P H N T C
Y B K D A C H R E A T P P E S
M A N C S R S N U A P H R T I
P A S H X Y U L I X J I Q U T U
A Y U R N U E A R L N L S O T R Y
S Z A T C O Q H O P A T U O U S P
R M W I R U I L T I Z P S J S H
G U U A I A O D N O G E L H P O
A S F L T G U U O O M I O L T S A
I L A U U X J Q O R S I L N C S
U L W S S I S R E P E A T E I A
S U T S A R E H G T C H J I U F
```